安旻廷，蕭勝萍 編著

當你自以為很勇，其實只是太衝動

暴怒的人，挑起爭端！別惹人厭，
多讓三分不會少一塊肉

你是一個理智線很容易就斷掉的人嗎？
你是一個心情一糟就衝動行事的人嗎？
小心！過於「感用事」，吃虧的只會是你自己！

不管是身處職場還是與家庭成員、好友相處，
一個受情緒擺布、衝動行事的人到哪都是不受歡迎的。
更有可能因為這一時衝動自毀前程，讓你的人生亮起紅燈！

崧燁文化

目 錄

目錄

目錄

目錄

前言

處世不理智的人，就不會有理性的生活態度。

在很多使我們悔恨的往事當中，都不難找到衝動的影子。因為衝動，有人誤上賊船；因為衝動，有人痛失愛人；因為衝動，有人鋌而走險……家庭的不幸、工作的不順、人緣惡劣等問題，不少都來自於衝動行事所種下的惡果。衝動的時間通常很短，有時甚至只有幾秒鐘，但其造成的後果常常讓人們後悔一輩子。

衝動的人，缺乏理智。當一個人衝動時，全部的注意力都集中在導致他衝動的這一件事情上，對於其他的諸如後果之類的問題根本就沒有時間與空間去考慮。是的，「衝動是魔鬼」。無數個令人扼腕嘆息的悲劇一再向眾人證明了這句話。包括我們，也多少有過一些親身經驗。

沒有人真的喜歡、希望，且熱衷於衝動行事。容易衝動的人只是自制力太弱了而已。他不想衝動，但名為「衝動」的魔鬼誘惑了他。魔鬼告訴他：如果你購買了「衝動」，你就可以做你想做的任何事情；你可以透過衝動，使自己的情緒得到痛快淋漓的發洩。他聽到這裡，頓時呼吸急促、血壓升高，迫不及待地簽下契約。衝動過後，魔鬼會再次找上門來 —— 祂絕不會爽約。它會高舉著契約，契約上面寫滿了人

前言

購買「衝動」所必須支付的成本。這個成本的清單很長，代價很高，基本上與人所「購買」的衝動多寡成正比。有的人買得太多，結果需要付出自己的生命來償還。

生而為人，人人內心都有按照自己意志做出選擇、滿足自我的欲望。這種欲望如果沒有經過理智的考量，就會落入衝動的陷阱。「理智」的「理」是理性，是邏輯化的主見；「智」是智慧，是機智行事的方法。「理智」一詞的意思是：辨別是非、利害關係以及控制自己行為的能力。一個理智的人，有主見，又有方法，做事說話知進退、懂輕重、明緩急。這樣的人必定是一個能抵禦衝動惡魔的人。

一個理智的人，中了巨額大獎也不會醉生夢死、花天酒地。一個有理智的人，即使面對百般羞辱也能保持冷靜，而不會一觸即發或走向極端，使自己在憤怒中迷失方向。樂不可極，樂極生悲；欲不可縱，縱欲成災。一個人若失去了理智，就得準備接受打擊和懲罰。因為理智不許做的事，都是在尋常狀態下不應該做或不能夠做的事。

理智不但是一種明智，更是一種胸懷，沒有胸懷的人，總是缺少理智。而一個沒有胸懷和缺少理智的人則難成大器。「所取者遠，則必有所待；所就者大，則必有所忍。」古往今來，大抵如此。

理智也是一種權衡之術，權衡輕重緩急，揚長避短，讓

自己走向成功。而一個容易衝動行事的人，卻較少考慮自身條件，靠著一時的衝動去做事，到頭來一事無成，枉費了許多精力和時間。

從衝動到理智的距離，有時只是一步之遙。一切取決於你怎麼看待，怎麼掌握。願世界少些衝動，多些寧靜、平和、理智與安詳！

編者

前言 —————————————————

第一章
處於衝動中的人，缺乏理智

「人每違背一次理智，就會受到理智的一次懲罰。」——
霍布斯（Thomas Hobbes）

「沒有理智決不會有理性的生活。」 —— 史賓諾沙
（Baruch Spinoza）

「理智是一切力量中最強大的力量，是世界上唯一自覺
活動著的力量。」 —— 高爾基（Maxim Gorky）

「沒有理智的支配，任何事物都不會持久。」 —— 昆圖
斯（Quintus Ennius）

「讓我們首先遵循理智吧，它是可靠的導師。」 —— 佛
朗士（Anatole France）

有一對父子，脾氣都很倔強，凡事都不肯認輸，也不肯低頭讓步。一天，有位朋友來訪，所以父親就叫兒子趕快去市場買些菜回來。

兒子買完菜在回家的途中，卻在狹窄巷口與一個人迎面對上，兩人竟然互不相讓，就這樣一直僵持下去。

父親覺得很奇怪，為什麼兒子買個菜去那麼久，於是前去查看發生了什麼事。當這個父親見到兒子與另一個人在巷口對峙時，就氣憤地對兒子說：「你先把菜拿回去，陪客人吃飯，讓我來跟他耗，我們有兩個人輪班，看誰厲害！」

兩輛計程車狹路相逢，司機互不相讓。

一陣爭吵後，一個司機鄭重其事打開報紙，靠在椅背上看。

另一個司機也不甘示弱，大聲喊道：「喂！等你看完後再把報紙借給我吧？」

下雨天，一個年輕人去商店買東西，將傘靠在了門口的牆邊，另一個年輕人進門時不小心將傘碰倒了，於是他說了聲「對不起」，但沒有把傘扶起來。傘的主人就要求他把傘扶起來，碰倒傘的年輕人說：「我已經說對不起了，你自己扶一下吧。」兩人就這樣僵持了好久。

想解開打結的絲線時，是不能用力去拉的，因為你越用力去拉，糾纏在一起的絲線必定會纏繞得越緊。人與人的往

來也一樣，很多人只看到對方的錯，並堅持要「以眼還眼，以牙還牙」，結果誤會加深、衝突加劇，最後鬧個兩敗俱傷。就像上述幾個故事中的角色，我們一定會在心裡說：他們真傻，何苦呢？然而，他們本身的智商並不一定低，他們之所以突然變得「真傻」，是因為一時的衝動。

再反過頭來躬身自省，我們又何嘗沒有過一些類似於愚蠢的衝動呢？

為什麼一個人一旦衝動起來，會做出一些在正常情況下難以想像的荒唐事？醫學專家認為：人在情緒激動時，體內的各個臟器與組織極度興奮，會消耗血液中的大量氧氣，造成大腦缺氧；為了補充大腦所需要的氧氣，大量血液湧向大腦，使腦血管的壓力急增。在大腦缺氧以及腦血管壓力劇增的情形下，人的思維會變得簡單而粗暴。心理學家則認為：當一個人衝動時，全部的注意力都集中在導致他情緒激動的這一件事情上，根本就沒有時間去考慮後果之類的其他問題。

別和魔鬼做「交易」

衝動的人是在和魔鬼做一筆非常不划算的交易。在交易前，魔鬼告訴你：如果你購買了「衝動」，你就可以做你想做的任何事情，你可以透過衝動，使自己的情緒得到痛快淋

漓的發洩。人聽到這裡，頓時呼吸急促、血壓升高，迫不及待地簽下契約。衝動過後，魔鬼會再次找上門來 —— 祂絕不會爽約。祂會高舉著契約，契約上面寫滿了你購買「衝動」所必須支付的成本。這個成本的清單很長，重要的條款如下：

1. **身心健康**：生理學家認為 —— 人的身與心組成了生命的整體，兩者之間是調節與被調節、主動與被動的關係。心情也就是情緒，情緒的好壞會影響身體的健康。醫學心理學專家認為 —— 對人不信任、心胸狹隘、情緒急躁、愛發脾氣，對人的身心健康危害極大。人在衝動、發怒時，會引起精神的過度緊張，造成心臟、胃腸以及內分泌系統功能的失常，時間久了，必然會引起多種疾病，對身心健康十分不利。我們在各種電視劇、電影中，常常看到這樣的情節，某某角色因受意外刺激，心臟病發作，當場暈倒，立即被送到醫院急救。日常生活中也有一些人，由於容易衝動行事、易發怒，最後導致神經衰弱，吃不好飯、睡不好覺，危害了身體健康。

2. **人際關係**：情緒容易衝動的人往往脾氣暴躁，與別人往來時容易發生矛盾。而引起矛盾的誘因多數是因為一些小事，話不投機半句多，輕者發生爭吵，重者拳頭相向。試想，一個團隊裡有那麼一兩個人常常與周圍的人發生摩擦，勢必影響一個團隊的團結。大家在同一個團隊裡共同

生活，都希望有一個和睦相處的環境，更希望得到周圍人的尊敬和理解。而個別情緒容易衝動的人往往認為以聲勢壓人就能建立自己的威望，其實剛好相反，如果你情緒容易衝動，動不動就跟周圍的人過不去，別人要不是聯合起來打敗你，就是不約而同對你敬而遠之。久而久之，不僅無法得到周圍人的尊敬和理解，而且也會失去真正的朋友，失去友誼，感到孤獨和寂寞。

這種對於人際關係的傷害，在家庭裡則展現於對家人的傷害，造成家庭的不和睦、不和諧。

3. **個人前途**：一個人行事衝動，幫人的感覺是不穩重、不成熟。老闆叫你招待客戶，你卻因為和客戶之間的一點小摩擦而和客戶大吵一架，久而久之，誰還敢把重要的職務、重要的工作交給你做？美國學者小巴達拉克（Joseph L. Badaracco, Jr.）分析新時代領袖氣質的共同特點是：內向、低調、堅忍、平和。歸納起來，沉靜的領導方式具有三大特徵。第一，克制。他們堅持原則，但拒絕用英雄式的強硬態度來無所顧忌地達到目的，而總是選擇自我克制。他們寧願花更多的時間去了解真相，然後再有耐心解決問題，而不是莽撞或者逃避。他們不是激進的，相反地，他們通常選擇謹慎以待，在權衡各方利益、深思熟慮之後，得出一個務實的方案。第二，謙

遜。他們認為自己的成功就像沙灘上的足跡一樣，既不偉大，也不持久。他們在成功時，總是將焦點轉向外界，歸功於他人，甚至是運氣；而當他們受挫時，則總是將責任歸咎於自己，檢討自己做錯了什麼……他們並不追求偉大的構想和無上的光榮，同時也不會因為缺少光榮而放棄努力，因而能夠承受挫折。這一點又直接引出了第三點。第三，執著。有學者指出：「執著與勇敢的區別在於，前者是理性的堅持，而後者是感性的衝動。」他們的執著並非完全來自理想，相反地，他們能夠客觀地公私結合，從而產生更強烈、更持久的韌性。

到這裡，很多讀者會發現 —— 沉靜的領導之道，與傳統的東方哲學，例如內斂、中庸、大智若愚等，不是很相近嗎？衝動在何種文化脈絡中都不會受到讚賞與推崇。

4. **觸犯刑律**：在所有導致嚴重後果的衝動中，對社會、對自己危害最大的莫過於「衝動殺人」。在網路上以「衝動殺人」為關鍵字搜索文章，能看到許多案例。有因為情人要求分手而動手的，有員工因為受到侮辱而操刀的，有因為言語衝突而揮球棒的。這樣的例子真是數不勝數，在下一節我們會著重談論這個話題。

釀造苦酒的酵母

　　有時候，我們很容易因怒氣喪失理智。在清醒以後，卻只能流下悔恨的眼淚。大多數衝動是不能容許的！即使沒有主觀惡意，卻像冥冥之中受指示而歇斯底里好一陣子，造成自己本不願看到的惡果、悔恨和悲傷。覆水難收，只能承擔起衝動帶來的懲罰。

　　因為一時的衝動，一名計程車司機老王嘗到了人生的苦果。

　　某天晚上，計程車司機老王和往常一樣在街道上穿梭，因為整個下午都沒有載到客人，他不免著急。當他駕車行至一家便利商店前時，發現一個男人向他招手，不禁心中一喜，狠踩油門，可是就在他的車馬上要開到乘客身邊時，被另一家公司的計程車司機老李的車擋在前面，「搶」走了乘客。老王頓時火冒三丈，緊緊跟在老李車後，直到老李車上的乘客下車，他飛快地超車，將車橫在老李車的前面，要與老李「談一談」。結果，兩人話不投機，不歡而散。

　　到了凌晨，老王還是沒拉到任何一個乘客，老王心裡十分懊惱。這時，他與搶了他乘客的老李碰巧在一個社區再度相遇。冤家相見，分外眼紅，兩個人對視了一眼，不約而同下了車。老王為防止自己吃虧，下車時順手將車上的美工刀握在手裡。兩人爆發激烈的肢體衝突，老王先發制人，舉起

美工刀劃向對方脖子，對方倒地當場死亡。隨後，老王將被害人屍體裝進車的後車廂，丟到附近大橋的橋墩下，然後開車返回自己家中。

衝動過後，冷靜下來的老王腦海裡總是浮現出被害人死後的慘狀，想到自己為了區區幾百塊錢而害了一條人命，他陷入了深深的自責與痛苦當中，而且常常在夢裡被呼嘯而來的警車驚醒。巨大的心理壓力，讓老王變得精神恍惚，每次出車都避開行凶地點，並且拒絕所有前往他殺過人的社區的乘客，企圖消除一切與命案有關的記憶。但隨著時間的推移，未泯的良知和對罪行的懺悔與反思使他痛苦不堪。終於，三年後，老王向父母傾吐了埋藏在心中已一千多個日夜的祕密，並在父母勸說下向警方投案自首。在警察局，老王深深的懺悔自己的行為，並主動表示願意盡最大努力承擔刑責。

衝動的理由可以很簡單，但導致的後果卻很沉重。與眾多因衝動造成惡果的人相比，老王還算是一位具有良知的人。他能夠意識到自己的罪孽，並主動承擔起屬於自己的懲罰。

回溯事件原由，僅是因為幾百塊錢而發生的衝突，最後卻到殺人洩憤的地步，這是多麼糊塗！因一時衝動而引發一起驚駭的社會案件，牽連受害者、自己以及雙方的家人，這是多麼不划算！

悲劇已經發生，再怎麼懺悔也無法挽回。但願老王的故事能警示後人不要再重蹈覆轍。

衝動是基於性格的缺陷、心態的不良，通常在受到外界強烈刺激的情形下產生。此時，言行舉止很難受到正常理智的控制，結果言語出格、行為失常，貿然行事，最後帶來不同程度的破壞性。例如受到侮辱後把人罵得狗血淋頭；爭執時遭人推擠而還以拳腳、把人打傷等等。兒童則往往表現為踢人、咬人。衝動行為也可能在怨恨長期鬱積於胸時，因外界一點微不足道的刺激而發生，此時外界的刺激只是個導火線，但同樣也會產生破壞性的後果。例如某種需要因人為因素長期得不到滿足，或始終得不到公正待遇、與某人長時間衝突、有難以消解的隔閡等等，這時就會因一件小事而大發雷霆、大動干戈，瞬間釋放日積月累的緊張情緒；兒童則表現為無理哭鬧、大聲叫喊和丟東西、用頭撞牆。

 第一章　處於衝動中的人，缺乏理智

第二章
哪些人容易出現衝動行為

「理智一旦產生，支配它們，那便是美德。」—— 蒙田
（Michel de Montaigne）

「理智是人的最高天賦，是人本質上區別於低級動物的特徵。」—— 海克爾（Ernst Haeckel）

「要讓一切都服從你，你就必須首先服從理智。」—— 塞內卡（Lucius Annaeus Seneca）

「如果我們生命的天秤上，一邊沒有『理智』的秤盤平衡另一邊『情欲』的秤盤，那麼我們身上下流的欲念就會把我們引導到荒唐透頂的結局。」—— 莎士比亞（William Shakespeare）

「欲急速致富者將不免於不義。」—— 西塞羅（Marcus Tullius Cicero）

不少人會碰到類似的問題：男人受賭博欲望的驅使，一夜又一夜地留戀在牌桌上，陷入越來越深的債務中；女人無法停止購物的衝動，在丈夫面前藏起帳單，並且在信用卡上留下無數的刷卡紀錄；孩子不能控制自己，去偷東西，長大以後終於嘗到苦果……

雖說衝動通常是在外界的強烈刺激下產生，但最主要的起因還是個人本身。同樣一件事，有人面對時會火冒三丈，有人卻可以一笑置之。這些區別與個人的修養與個性的關係十分密切。就像有些身高不高的人一聽到別人說自己是矮子，就會感覺受到侮辱，立刻「為尊嚴而戰」；有的人卻可以自嘲：「天塌下來有很多人幫我頂著」。

人們每天都要與那些威脅、破壞了他們的家庭和事業生活的事情奮鬥。如何調整好自己的狀態，是身處壓力日益加劇的現代人必須做的功課。

利令智昏的人

衝動來自於一個人喪失了理智。喪失理智的原因有很多，其中常見的是因為被利益蒙住了理智的心。所謂「利令智昏」，就是這個意思。因為眼裡、心裡都只有利益，導致理智無處安身。

有一則小幽默故事可以幫「利令智昏」作一個絕佳的注

腳。有天，某個衣著華貴、舉止優雅的人逛街，無意中進入一家銀樓。看到金子後，他雙目放光，伸手就搶。然而，銀樓的金子哪有那麼容易被搶，銀樓的人不花多少力氣就將搶劫犯抓住見警察。警察看搶劫者著裝華麗、手無寸鐵，感到很奇怪，便問這個「不專業」的搶劫犯：「那麼多人看守的銀樓，你赤手空拳、獨自一人，為什麼想搶劫？」搶劫犯回答：「我當時只看見金子，沒看見人。」

上面的故事只是一則虛構的笑話。但類似的場景在現實生活中又何嘗少見？

幾乎所有買樂透的人都知道：買樂透發大財只能是一種可遇不可求的幸運，誰也不能把發財致富的夢想寄託在購買樂透上面。因此，人們通常不會押上身家性命去搏那毫無規律與把握的大獎。但事情總是有例外，就真的有人不惜挪用公款去搏取大獎，結果大獎未得，反而將自己送進監獄，甚至丟了性命。許多真實而又荒唐的故事，無一不昭示我們：人要提防內心的貪財之心。一旦被金錢的魔鬼控制住了內心，人的行為就會變得荒唐、毫無理性可言。由此而來的衝動，隨時都會毀滅人們的幸福乃至於生命。

缺乏自信的人

心理學家發現，缺少自信的人更容易產生衝動情緒，這種衝動實際上是他們一種錯誤的自我保護機制。如果一個人自我價值感低落，不認同自己，他會覺得自己是被人瞧不起的，是受到威脅的。這種心理狀態的表現是怯懦、退縮，但是，遇到偶發事件，會容易引發出失控的情緒，比如粗暴、憤怒，當事人在不理智的狀態下，能感受到反抗的快感，實際上是一種潛在的心理補償。

許多人以為，自信心的強弱是天生的、不變的，其實並非如此。童年時代討人喜愛的孩子，從小就感覺到自己是善良、聰明的，因此才會獲得別人的喜愛。於是他就盡力使自己的行為名副其實，努力打造自己，並成為他相信的那種被大家喜愛的人。而那些不得寵的孩子呢？人們總是訓斥他們：「你是個笨蛋、窩囊廢、懶惰蟲，整天遊手好閒！」於是他們就真的自暴自棄，逐漸養成了這些惡劣的特質，因為人的品行基本上是取決於自我認同和自信的。

每個人的心目中都有各自的做人標準，人們常常把自己的行為與這個標準相互對照，並據此去修正自己的行動。所以，若想使某個人變好，不該老是斥責對方，而應幫助他提高自信心，逐漸修正他心目中的做人標準。如果我們想改造自我，修養某方面的品德，就應該首先改變對自己的看法。

不然，努力便會落空。

擁有自信，對我們而言相當重要。人們總是本能地竭力保持這種從自我認同中所產生的形象。我們也接受別人的批評，但往往能接受的只是那些善意的和那些我們認為對自己信任和愛護的人的批評。若是有人傷害我們的自尊心，以一己之見貶低、訓斥我們時，我們便會憤然而起，開始反擊。人的心理自發地護衛自己，護衛人最寶貴的 —— 自信心。假若有人打擊、削弱我們的自信心，那我們也許真的就會墮落，追求真善美的意志就會衰退。

音樂家華格納（Wilhelm Richard Wagner）曾遭到同時代人的批評、攻擊，但他對自己的作品很有信心，最後終於感動了世人。黃熱病曾流傳許多世紀，因病而死亡的人不計其數。但是有一組醫療團隊相信可以征服它，他們在古巴埋頭研究，終告勝利。達爾文在英國的一個小園中工作二十年，有時成功，有時失敗，但他鍥而不捨，因為他堅信已經找到線索，結果獲得成功。

偏激固執的人

一個人有主見，有頭腦，不與世沉浮，這無疑是值得稱讚的好特質。但是，這還要以不固執己見，不偏激固執為前提。偏激與固執往往如影隨形。人一偏激，就有可能產生衝

27

動的欲望。而固執卻正好為衝動加成效果，使得誰也無法勸解與阻止。

　　性格和情緒上的偏激，是做人處世的一個不容忽視的缺陷。三國英雄關羽，過五關、斬六將，單刀赴會，水淹七軍，是何等英雄氣概，但他致命的弱點就是偏激固執。當他受劉備重托留守荊州時，諸葛亮再三叮嚀他要「北拒曹操，南和孫權」，可是，當吳主孫權派人來見關羽，為兒子求婚時，關羽一聽大怒，喝道：「吾虎女安肯嫁犬子乎！」總是看自己「一朵花」，看人家「豆腐渣」，說話辦事不顧大局，不計後果，導致了吳蜀聯盟的破裂。本來人家來求婚，裁決的權力在你手上，怎能出口傷人、以自己的個人好惡和偏激情緒對待關係到整個陣營的大事呢。假若關羽少一點偏激，不意氣用事，那麼，吳蜀聯盟大概不會遭到破壞，荊州的歸屬可能會有另外一種局面。

　　孫權派陸遜鎮守陸口，關羽竟在陸遜的使者面前譏諷道：「孫權見識短淺，焉用孺子為將。」將年輕才俊陸遜貶個一文不值。關羽不但看不起對手與盟友，還不把同僚放在眼裡。名將馬超來降，劉備封他為平西將軍，遠在荊州的關羽大為不滿，特地幫諸葛亮去信，責問說：「馬超能比得上誰？」老將黃忠被封為後將軍，關羽又當眾宣稱：「大丈夫終不與老兵同列！」他目空一切，氣量狹小，盛氣凌人，其

他的人就更不在他眼裡，一些受過他蔑視侮辱的將領對他既怕又恨，以致當他陷入絕境時，眾叛親離，無人救援，敗走麥城，人頭落地。

現實生活中，凡是不能正確地對待別人的人，就一定無法正確地對待自己。見到別人做出成績，出了名，就認為那沒什麼了不起，甚至千方百計詆毀貶低別人；見到別人不如自己，又冷嘲熱諷，藉著打壓別人來抬高自己的地位。處處要求別人尊重自己，而自己卻不去尊重別人。在處理重大問題上，意氣用事，我行我素，主觀武斷。像這樣的人，無論事業、工作，成事不足，敗事有餘，在社會上也很難與別人和睦相處。

偏激固執的人看問題總是戴著有色眼鏡，以偏概全，固執己見，鑽牛角尖，對人家善意的規勸和平等商討一概不理會。偏激的人怨天尤人，牢騷太盛，成天抱怨生不逢時，懷才不遇，只問別人幫他提供了什麼，不問他為別人貢獻了什麼。偏激的人缺少朋友，人們交朋友喜歡「同聲相應，意氣相投」，都喜歡結交飽學而又謙和的人。總是以為自己比對方高明，一開口就要和人家辯論，明明無理也要撐場子，誰喜歡和他打交道？

性格的偏激與行事的固執來自於知識的貧乏，見識上的孤陋寡聞，社交上的自我封閉意識，思維上的主觀等。對

此，只有對症下藥，豐富自己的知識，增長自己的閱歷，多參加有益的社交活動，同時，還要掌握正確的思考模式，才能有效地克服這種「一葉障目，不見泰山」的偏激心理。

死要面子的人

「面子」這個東西，人人都愛。為什麼？因為「面子」總是與一個人的人格、自尊、榮譽、威信、影響、體面等連結在一起。

「愛面子」的確成為支配許多人行為的一個基本出發點。因此常就有這麼一句話：「死要面子活受罪。」一些人為了「愛面子」甚至可以忍受任何痛苦，即使自己受罪也無所顧忌。還常聽到另一種類型的話：「這個傢伙，真是不要臉，什麼事都做得出來。」意思是說，有些人已經連做人的起碼要求都不要了，做什麼事情都不會感到慚愧。

近年來，因喝酒導致酒精中毒死亡或因酒後駕車而發生車禍死亡的案例頗多。這類案例的背後除了不健康的「酒文化」外，還隱藏著一個「面子」的惡魔。幾句應酬的勸酒話入耳，就端起酒杯一杯又一杯，完全不顧自己要開車。結果呢？為了撐面子，丟了健康甚至性命。

我們可以從以下幾個方面去理解「面子」問題。

第一，「面子」是個含義廣泛、但又具有「不可捉摸」

的概念。如果你不去想它，它在日常生活中只是存在並且確實運作著，然而一旦你思索它時，就會開始混淆起來，想得愈多，混淆得愈厲害。因此直到現在，對什麼叫「面子」還仍然沒有一個得到眾人共識的定義。對許多人來說，「面子」似乎是一個「只能意會不能言傳」的概念。

第二，「面子」實際上是個人擁有的成就、聲望、名氣、榮譽、社會地位，甚至包括財富的一種複合體。你成就大了，社會地位高了，錢多了，名氣大了，種種榮譽就會接踵而來，這時，你的「面子」就會很大，影響也會很廣。你說的話，別人就會聽；你所提的各種要求（甚至有些「不合理」的），別人也會盡量滿足你；即使你做錯了什麼事情，人們也會顧及你的臉面，盡量地「不去捅破」等。不過，面子這個東西又很古怪，它不能直接等同於人的成就、聲望、名氣、榮譽、社會地位。有的人雖成就不高、聲望不大、名氣不響、榮譽不多、社會地位也並不顯赫，然而面子觀念卻依然很強烈。

第三，「面子」主要是在你和別人的相互作用過程中獲得的，更重要的還包括人品、人格這些因素。出身「顯赫的名門家庭」可以在一定程度上增加一個人的「面子」，然而這是「非固有」的，如果這類人為所欲為，天生是個敗家子，那麼，不用多久，他就會很快地變成一個「沒有面子的人」。

相反地，一個普通的人，依靠他刻苦學習和不懈地努力，不斷地發揮他的聰明才智，不斷地取得驚人的成就，那麼，他的「面子」就會越來越大，人們也會越來越給他「面子」。

第四，「面子」實際上是一種主觀的認知、主觀的自我感覺。它包括兩種：一種是自我評價或自我感覺；另一種是別人（社會）對你的評價或自我感覺。基本上，這兩種評價或感覺是不太一樣的。有的人自我評價高、自我感覺良好，總認為自己「有面子」、「有臉面」，別人會幫他顧及「面子」，因此常常做出令別人為難的行為，也常常會使自己落入難堪、窘迫的境地。相反地，有的人成就很突出、社會地位也高，然而卻為人謙卑有禮，做事謹慎，不輕易動用自己的社會地位來為自己謀利，基本上這類人的「面子」就很大，人們會很樂於給「面子」的。

第五，為什麼人們特別「愛面子」呢？因為「有面子的人」可以獲得別人的喜歡、尊敬、信任、友誼，成為結交朋友、吸引別人的一種資源，成為滿足人們的自尊需求、交際需求的重要手段；可以獲得別人的讚揚、羨慕、敬重等，以此滿足自己的榮譽感，滿足自己的虛榮心理；可以說話有人聽取，行為有人仿效，他們擁有對別人的更大的影響力和感染力，可充分滿足自己對權力的需求、對別人的支配欲望；可以幫自己更大的信心、尊嚴，進而成為自己進一步行動的

重要驅動力。……由於這些因素的綜合作用，就會促使一些人不顧一切地去「講面子」、「愛面子」，可以說它幾乎成了某些人的一種「本能」，一種「原始」的心理需求及其行為的「原動力」。

那麼，究竟哪些類型的人會過分地去追逐「面子」呢？甚至會達到「死要面子活受罪」的程度呢？

第一，虛榮心越強烈的人越要「面子」。

所謂虛榮，指的是虛假的榮耀，表面上的榮譽。譬如，有的人，在老人活著的時候從不關心老人以盡自己的孝心，甚至丟在一邊不照顧，然而老人一死，卻大肆鋪張講排場，大搞豪華的葬禮。顯然，這並不是對死者的孝心，而是為了做給別人看的，以此表明自己對老人是如何如何的「孝」，也就是說，只是為了自己的榮譽才大搞豪華葬禮。因此，虛榮，本是一種無聊的騙術，然而有許多人卻一股腦地追求它。追根究柢，就只是為了一種「面子」：即使是假的，也要打扮、裝飾自己一下。因此，虛榮心越強烈的人也就越要「面子」。

第二，成就欲越強烈的人越要「面子」。

成就欲，指的是人們想完成重要的工作，做出傑出成績的動機。一個人成就欲是否強烈，會很大程度上影響他完成工作的決心，因此，持有強烈的成就欲望，這本是一件好事。然而，當個人意識到自己所掌握的「資源」（如知識

水準、能力以及社會關係等）不足以使他完成自己設想的目標時，當他感覺到有可能失去別人高度的評價、承認和讚揚時，他就會變得「矯揉造作」，總想著以其他的方式「彌補」自我資源的不足，從而產生各種各樣的虛假的「面子行為」。

第三，自尊心越過於強烈的人越要「面子」。

自尊心，這是個人對自我感覺的一種體驗。自尊感強的人，往往對自己生活的方式感到滿意，深深認知到自己存在的價值，因而喜歡自己、尊重自己。然而當一個人不切實際地持有過高的自尊心時，就會刻意地維護、追求自我的形象，誇大自己，千方百計地粉飾、點綴自己，表現出一種強烈的「要面子」心理。

第四，權力欲越旺盛的人越要「面子」。

所謂權力欲，指的是試圖影響、支配、控制別人的一種欲望。權力欲過於旺盛的人通常都有兩大毛病：一是過於自信，過於相信自己的力量；二是過於自負，過分自以為是。因而在行為上必然要求別人對他「絕對信任」、「絕對服從」，不能有絲毫懷疑，誰如果違背了他的意志，或如果當面頂撞了他，那麼就等於觸犯了他的「神經」，他就會暴跳如雷，就會千方百計地整你。為何他會這麼做？其中有一點，就是他為了要保全自己的「面子」，不得不犧牲其他人的「面子」。

　　總之，在上述多種動機的支配下，有許多人變得「死要面子」，而「死要面子」實質上就是一種衝動。在「死要面子」的支配下，人的行為變得不可思議。

心態失衡的人

　　在現實生活中，每個人的內心世界或多或少的都會有一些相對剝奪的心理感受。某人賺了錢，某人升了官，某人買了車，某人出了國，某人蓋了別墅……本來我比他們強，我卻不如他們風光體面！對比產生了心理上的不平衡，而這種心理不平衡又驅使著人們去追求一種新的平衡。倘若在追求新的平衡中，你能不昧良知、不損害別人，自覺接受道德的約束和限制，透過正當的努力、奮鬥去實現人生的自我價值，達到一種新的平衡，倒也是值得稱道的；倘若在追求新的平衡中，不擇手段，毫無廉恥，喪失道義，膨脹自私貪欲之心，讓身心處於一種失控的狀態中，那麼就必然會產生一些意想不到的可怕後果。由此，你的人生必將陷入難以扭轉的敗局之中。

　　不平衡使得一部分人的心理自始至終處於一種極度不安的焦躁、矛盾、憤懣之中，使他們牢騷滿腹，不思進取，工作中得過且過，心思不定，更有甚者會鋌而走險，玩火燒身，走上了危險的鋼索。

不平衡心理來自於比較，來自於比較方式的不當，來自於「參考物」的選擇失誤。

沒有比較便沒有自省，人們總是在比較中發現了自己的失衡。但與誰比，比什麼，這是感覺「失衡」或「平衡」的關鍵點。所謂「比上不足，比下有餘」，就是說向上比則「失衡」，向下比則「平衡」。不平衡心理來自於比較方式的不當，來自於比較「參考物」的選擇失誤。

心理不平衡導致人生創傷，而心底無私則是治癒心理不平衡的良藥。在當今社會種種誘惑，特別是金錢、美色當前，有些人頭暈目眩，忘記了做人最起碼的標準和人之所以為人的基本守則，在追求心理平衡的過程中，向腐敗、墮落的目標邁進。在他們身上缺少的是一種聖潔的信念、奮鬥的理想，缺少的是一種世界觀、人生觀的刻苦改造，沒有能力做到自重、自省、自警、自勵，無法完成高尚人格的修煉。

一句話：只有解決了與什麼人比、比什麼這兩個問題，人們才可以走出心理不平衡的狀態和衝動的人生敗局。

剛愎自用的人

剛愎自用的含義很清楚：頑固、偏執、一意孤行、拒不接受別人的意見……

任何人都知道剛愎自用是個貶義詞，所以誰都不希望自

己有這個毛病，誰都不希望別人指責自己有這個毛病。而且，似乎大家也不願意承認自己有這個毛病。這是一個「特殊」的詞彙，普通人不太會用到，通常都是用在「有頭有臉的人」身上，都用在那些專精於某一領域或某一方面的權威人士身上。越是有能耐的人，若是犯了這個毛病，麻煩就越大。為它，本來可以成功的事會搞得一團糟；為它，原本是很有威望的人會身敗名裂；為它，甚至會導致禍國殃民的可怕後果。

剛愎自用的人都非常自負、傲氣十足，都認為自己是洞曉真理的人。應該說，沒有一點「資格」、「本領」的人，是不能擁有剛愎自用這個「稱號」的。這類人有一定的能力，在自己的工作、事業上還做出過一定的成績，所以自信到了極點，自大自傲，自我感覺一直良好，甚至達到了自我陶醉、不可一世的地步。有的剛愎自用的人還是典型的自我崇拜狂，看人是「一覽眾山小」，自己什麼都是對的，別人統統都是錯的，這類人個性孤傲，對人冷若冰霜。儘管他沒有跑到大街上宣布：「我就是上帝」，但是，他的所作所為卻是無聲地宣布自己就是上帝。

凡剛愎自用的人都是頑固、守舊、偏執的。對於某種理念過於專注，認準了的事就堅持到底、死不回頭，一股腦地認為自己是在堅持原則，堅持真理。實際上，他們認的卻是

死的道理，是過了時的老教條，一點彈性都沒有。這類人面對世界的發展進步，覺得是不可思議或是在瞎胡搞；自己的想法明明是與時代潮流相違背，卻反過來認為是時代在倒退，是一代不如一代。這類人對新事物、新人物、新現象、新趨勢一百個看不慣，視為洪水猛獸。

剛愎自用的人都是極其愛面子的人。這類人自尊心非常強，一點都不能冒犯，誰若是當面頂撞了他，尤其是在大庭廣眾之下，他就會火冒三丈，認為這是故意和他過不去，故意讓他下不了臺，從此他就會銘記在心。這個「傷口」很難癒合，往往是一輩子都難以忘卻，以後一有機會就會對「挑釁者」進行報復。若「挑釁者」是在他手下工作的，就會因此而失去信任，也會很隨便地找個「理由」就找他麻煩。

剛愎自用的人都是從來不認錯的人。這類人對自己的眼光和能力從來都不懷疑，有時明明是自己錯了，但就是不承認；明明是將事情搞得很糟，但就是不認帳；明明是自己的建議出了問題，卻偏偏說是別人對他的意思理解錯了……總之，黑的說成是白的，錯誤變成了真理，成績永遠是自己的，錯誤永遠是別人的。即便是有錯，也是「瑕不掩瑜」，所以常常是倒打一耙，反告別人不安好心。不僅如此，為了杜絕反對聲音，利用權勢打壓那些批評者。由於剛愎自用的人不肯悔改又不聽別人的勸告，往往是在錯誤的路上越走越

遠，結果就會與自己原來美好的奮鬥目標背道而馳。

剛愎自用的人都是好大喜功的人。這類人喜歡自我肯定、自我表彰，做了一點點有益的事就沾沾自喜，到處表功，唯恐別人不知道。這類人也只喜歡聽好話、吹捧的話，聽不進不同的意見，更不喜歡聽反對的話，所以在他的周圍聚集著一群對他獻媚的小人，這些小人會投其所好，在他的面前搬秀是非，結果這類有權勢的剛愎自用者離「忠良」就會越來越遠。

剛愎自用是一種非常可怕的壞毛病。這種人最容易因過分相信自己而衝動，或者因為別人的反對與質疑而火冒三丈，其惡劣的人際關係將愈演愈烈。那麼，如何糾正或消除這一壞毛病呢？

1. **虛榮心不要太強，要虛心地聽取別人的意見**：心太滿，就什麼東西都裝不進來；心不滿，才能有足夠裝填的空間。古人說得好：「滿招損，謙受益。」做人應該虛懷若谷，讓胸懷像山谷那樣空闊深廣，這樣就能吸收無盡的知識，容納各種有益的意見，從而使自己豐富起來。

2. **不要輕易否定別人的意見**：要理解別人，體貼別人，這樣就能少一分盲目。要擅於發現別人見解的獨到性，只有這樣才能多角度、多方位、多層面地觀察問題，這是一個現代人必須具備的素養。無論如何，不能一聽到不同意見就

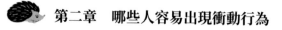

勃然大怒，更不能利用權勢將別人的意見壓下去、頂回去。這樣做是缺乏理智的表現，是無能的反映，只能是有百害而無一益。

3. **要有平等、民主的精神，而這種精神形成的前提要件是一個寬容的心態**：只有互相寬容，才能做到彼此之間的平等和民主。學會寬容，就必須學會尊重別人。人們通常容易做到尊重領導者，但要尊重比自己「低得多」的人，卻很難很難。什麼叫尊重？就是認真地聽，認真地分析，對的要吸收，要在行動上改正，即便是不對的，也要有耐心聽，有耐心地解釋，做到不小氣、不狹隘、不尖刻、不勢利、不嫉妒，從而將自己提升到一個更高的境界。

4. **要樹立正確的思考模式**：一個人為什麼會剛愎自用？重要原因之一就在於他的思考模式出了問題，常常是見識淺短卻還要沾沾自喜，自得其樂。這類人不懂天外有天，不懂世界的廣闊，所以夜郎自大，所以必須在思考模式上脫胎換骨。

5. **要多做調查研究**：剛愎自用者的最大毛病就是自以為是，想當然爾，認為自己在書房裡想的一切都是千真萬確的，明明是脫離現實的，卻還要堅持下去。為什麼？就是因為他們的性格缺陷，過於相信自己，而且實際經驗太少。所

以，建議這類人要多進行實地調查研究，看一看實際上是怎麼回事，這樣就很容易避免剛愎自用的慣性思維。亞里斯多德認為，女人的牙齒比男人的少。倘若他真的去數一數自己妻子的牙齒，大概就不會鬧出這樣的笑話了。

測試：你是容易衝動的人嗎

在本章，我們討論了常見的、容易衝動的幾類人。當然，限於篇幅，我們不可能將所有容易衝動的人都一一列舉。因此，在本章結尾處，我們提供了一項心理測試，以幫助各位更深入地了解自己是否屬於衝動型性格的人。

測驗開始

請從第一題開始回答，選出你較喜歡的選項，再依指示前往下一題繼續回答。

問題一、你是否喜歡游泳？

不喜歡，其實我有一點怕水。→問題二

喜歡，游泳是唯一讓全身都能動到的運動。→問題三

問題二、如果你必須找人問路，你會選擇誰？

同性或是老一輩的人。→問題四

不會特定，或是找長得好看的異性來問路。→問題五

問題三、如果你正要出門，碰巧遇到大風雨，你會怎樣？

還是會出門。→問題四

算了，乾脆等雨停了再出去好了。→問題七

問題四、夏天天氣實在太熱了，這時一瓶清涼的飲料出現在你面前，你會怎樣？

當然是一口氣把它喝完。→問題八

還是慢慢喝，總有喝完的時候。→問題六

問題五、如果不小心，讓你遇到一場血淋淋的車禍，你會怎樣？

會有點不舒服，但還是會繼續看。→問題六

會感覺噁心，轉頭就走，不會看下去。→問題七

問題六、如果經濟能力許可，你會選擇怎樣的穿著？

會買好一點的衣服，但不會刻意追求名牌。→問題九

應該會買名牌，畢竟質感好，也較有保障。→問題十

問題七、你是否有常常忘記鑰匙放在哪或忘了拿的習慣？

有，而且次數還不少。→問題九

幾乎很少，平時多會特別留意。→問題十一

問題八、你是否曾經為了偶像公布戀愛而難過不已？

心真的很痛，沒想到他竟然就這樣被搶走了。→問題九

還好，一開始就知道彼此不可能，影響應該不會太大。
→問題十

問題九、你自己本身是否有美術天分呢？

沒有，不是美術白痴就不錯了。→甲型

有，雖然沒受過訓練，但總覺得有那一絲靈感。
→問題十

問題十、你看電視時，是否很容易就跟著入戲？

是啊，明知道是假的卻還是哭得唏哩嘩啦的。→丙型

還好，能夠感動我的戲劇其實並不多。→問題十一

問題十一、獨自一個人住，你在家裡會穿什麼樣的衣服？

反正沒人知道，什麼樣的衣服都無所謂。→乙型

不會太隨便，還是會維持一下形象。→丁型

診斷分析

甲型：很小心的人

你是一個很小心的人，事事謹慎的你在做決定的時候會細細評估，結果就是因為想得太多了，連該做的事都沒去

做。你衝動指數不高，受人影響的指數卻不低，所以極有可能會在旁人慫恿下做出意想不到的事。

乙型：外冷內熱的人

你是一個外冷內熱的人，當你與陌生人剛認識時，會讓人有一種嚴肅感；一旦認為對方可以信任的時候，你甚至會將家中私事告訴對方。小心，這種「熟悉就會讓你變得衝動」的個性可能會讓你受騙上當。

丙型：活潑開朗的陽光型人物

你是一個活潑開朗的陽光型人物，擁有著樂於助人的個性，由於你常常會在不知不覺中將一些不該說的話脫口而出，久而久之，朋友們會認為你蠻衝動的。其實你並非有意傷害別人，建議你還是守口如瓶比較好。

丁型：很擅於思考的人

你是一個很擅於思考的人，你的言行舉止都是經過思考的，即使有人想要陷害你也很難。你的衝動指數非常低，是個值得信賴的朋友。只不過，防禦心強的你看起來朋友雖然很多，卻反而缺少談心的對象。

第三章
幫衝動的野馬套上韁繩

「一分克制，就是十分力量。」—— 培根（Francis Bacon）

「真正的強者是那種具有自制力的人。」—— 雨果（Victor Hugo）

如果我們將衝動比作一匹脫韁撒野的烈馬，那麼自制力就是能夠有效制服這匹烈馬的韁繩。所謂自制力，是指一個人在意志行動中擅於控制自己的情緒，約束自己的言行。而簡單地說，自制力指的就是自我控制的能力。

一個人自制力的高低，主要展現在兩個方面：一方面能夠在日常生活與工作中克服不利於自己的恐懼、猶豫、懶惰等；另一方面應該擅於在實際行動中抑制衝動行為。這兩個方面相輔相成。也就是說，一個能夠克服不利於自己的恐懼、猶豫、懶惰的人，相對來說也更擅於在實際行動中抑制自己的衝動行為。

自制力對於成功是非常重要的。從科學家亞里斯多德，到近代的哲學家們都注意到：「美好的人生建立在自我控制的基礎上。」自制力是實現自我價值的重要元素，有了高度的自制力，我們在前進的道路上便不會迷失方向，不會被各種外物所誘惑，不會因為其他事情而影響了自己的判斷。

理智是順心人生的忠實伴侶

「理智」的「理」是理性，是邏輯化的主見；「智」是智慧，是機智行事的方法。理智，是辨別是非、利害關係以及控制自己行為的能力。一個理智的人，有主見，又有方法，做事說話知進退、懂得輕重緩急。

　　人的七情六欲最難控制，種種衝動皆來自於此。所謂七情，指的是喜、怒、哀、懼、愛、惡、欲；所謂「六欲」，指的是對異性的色欲、形貌欲、威儀姿態欲、言語聲音欲、細滑欲、人相欲（後來有人把此概括為見欲、聽欲、香欲、味欲、觸欲、意欲）。佛家認為：人世間的種種痛苦，皆來自於七情六欲，因此主張滅絕情欲。滅絕情欲對於凡夫俗子來說是很困難的，何況有情欲也並非壞事，人類的發展與歷史進步的動力，在很大程度上就是來自於人的情欲。因此，有情欲也並非壞事，有情欲的人才有ＥＱ。只是，人的情欲不可放縱，不能讓情欲牽著自己走，而要用理智的繩索牽著情欲走。

　　一個理智的人，中了巨額大獎也不會醉生夢死、花天酒地。一個有理智的人，即使面對百般羞辱也能保持冷靜，而不會一觸即發或走向極端，使自己在憤怒中迷失方向。樂不可極，樂極生悲；欲不可縱，縱欲成災。一個人失去了理智，就得準備接受打擊和懲罰。因為理智不允許做的事，都是在尋常狀態下不應該做或不能夠做的事。

　　理智不但是一種明智，更是一種胸懷，沒有胸懷的人，總是缺少理智。而一個沒有胸懷和缺少理智的人則難成大器。「所取者遠，則必有所待；所就者大，則必有所忍。」古往今來，大抵如此。

理智更是一種權衡。權衡輕重緩急，揚長避短，可讓自己走向成功。而一個容易衝動行事的人，卻較少考慮自身條件，靠著一時的衝動去行動，到頭來一事無成，枉費了許多精力和時間。

遺憾的是，人的理智有時卻是很脆弱的，甚至不堪一擊。特別是在面對強烈感情的時候。吳三桂衝冠一怒為紅顏，合「情」卻不合「理」。正是這種行事的不理智，造就了吳三桂悲劇的一生。我們或許做不到「諸葛一生唯謹慎」，卻應該努力做到「呂端大事不糊塗」。

一九六五年九月七日，世界撞球冠軍爭奪賽在美國紐約舉行。路易斯・福克斯（Louis Fox）的得分一路遙遙領先，只要再得幾分便可穩拿冠軍，就在時，他發現一隻蒼蠅落在主球上，他揮手將蒼蠅趕走了。可是，當他俯身擊球的時候，那只蒼蠅又飛回到主球上來了，他在觀眾的笑聲中再一次起身驅趕蒼蠅。這隻討厭的蒼蠅破壞了他的情緒，而更為糟糕的是，蒼蠅好像是有意跟他作對似的，他一回到球臺，它就又飛回到主球上來，引得周圍的觀眾哈哈大笑。路易斯・福克斯的情緒惡劣到了極點，他終於失去了理智，憤怒地用球桿去擊打蒼蠅，球桿碰動了主球，裁判判他擊球，他因此失去了一輪機會。之後，路易斯・福克斯方寸大亂，連連失分，而他的對手則愈戰愈勇，超過了他，最後奪走了冠軍。

一隻小小的蒼蠅，竟然擊倒了所向無敵的世界冠軍！其中的教訓可謂深刻。

如何控制自己的情緒和行為

控制自己的情緒和行為，是一個人有教養和成熟的表現。可是在生活和工作中，常常會有這樣的人，他們總是為一點小事而大動干戈、發脾氣，鬧得雞犬不寧，既破壞了和諧的工作環境，也破壞了夥伴間的團結。心理學家認為，衝動是一種行為缺陷，它是指由外界刺激引起，突然爆發，缺乏理智而陷於盲目，對後果缺乏考量的行為。

有關研究發現，衝動是靠激情推動的，帶有強烈的情感色彩，其行為缺乏意識的主動調節作用，所以常表現為感情用事、魯莽行事，既不清醒的思考行為目的，也不對實施行為的可能性做實事求是的分析，更不對行為的不良後果做理性的評估和考量，而是一廂情願、忘乎所以，其結果往往是追悔莫及，甚至鑄成大錯、遺憾終生。

增強自制力，可以使我們有更多的機會獲得成功的體驗，使自己更加理智，遇事更為冷靜，從而進入良性循環，使自我得到健康積極的發展。

有了較強的自制力，可以使人具有良好的人格魅力，增強自己的親和力，更容易得到別人的認同，擁有更多的朋友

和知己，擴大自己的社交圈，在與朋友的往來中學習別人的優點，吸取別人的教訓，進一步完善自我。

自制力可以使我們激勵自我，從而提高學習效率；也可以使自己戰勝弱點和消極情緒，從而實現自己的理想。如何培養和增強自己的自制力呢？從理論上講可以從以下幾個方面進行。

1. **認識自我，了解自我，深入自己的內心**：人最大的敵人不是別人，而是自己。只有認識自我，在取得成績時，才能保持平常的心態，不會因此而驕傲自滿，喪失自我，高估自己的能力；只有認識自我，在遇到挫折和失敗時，才不會被其擊倒，一如既往地為自己既定的目標而努力，不會對自己進行過低的評價。任何人都不可能一帆風順地就成功了，也沒有任何事情是不需要付出任何一點努力就能完成的。當我們遇到挫折時，當我們因為各種原因而後退時，我們就必須重新認識自我，只有在正確認識自我的基礎上，我們才能重新找回自己的座標，朝勝利方向前進。

我們隨機找幾個人問他了解不了解自己，得到的回答通常都是肯定的。很多時候，人們總是認為自己對自己最為了解，其實，你真的了解了自己嗎？不，其實很多人根本不了解自己，根本不能正確地認識自己。

我們總認為自己是對的，但當事情有了結果之後，我們才發

現自己的錯誤，我們常常以為自己完全了解自己，其實我們是被自己蒙蔽了，或者說我們自己不肯去正確地認識自己，我們情願被自己的表象所麻痺。

怎樣才算是認識自己了呢？認識自我，就是對自己的性格、特點、優點、缺點、理想、生存目的、價值觀、興趣、愛好、憎惡、心理狀態、身體狀態、生活規律、家庭背景、社會地位、人際關係、現在處於人生的高峰或低谷、長期或短期目標是什麼、最想做的事是什麼、自己的苦惱是什麼、自己能夠做什麼、自己的限制等方面做出正確全面的綜合評估。

2. **學會控制自己的思想，而不是任由思想支配**：人的具體活動，都是由思想進行前導，每個行為都受著思想的控制，有的是無意的，有的是有意的。但是，思想是建構在肢體上的，它必須奠基於我們的身體。在思考控制活動之前，我們就一定要先主動積極地對其進行正確的引導或控制，修正其中的錯誤，發出正確的行動指令。這樣，我們的行為才會減少衝動的可能性，使我們的情緒更為穩定，能更為理性地看待問題。

要想控制思想，讓它受我們自己的駕馭，就要知道自己想做什麼，能做什麼，不能做什麼。當明白了這些之後，我們在思想上就可以為自己的行為定下一個準則，利用這個準

則來指導自己該做什麼，不該做什麼。

要想掌控自己的思想不是件容易的事情，在活動進行的過程中，我們原先為自己定下的準則會時不時地受到各種因素的影響，使得我們所堅持的準則開始動搖甚至崩塌，所以，在活動進行的過程中，我們要時常檢討自己的行為，思考自己的得失，減少衝動、激進的心理，這樣才能重新奪回思想的控制權，使自己的行為更加理性。

3. **樹立遠大的目標**：一個有遠大目標的人，能做到不理會身邊的嘈雜而專注前行；一個想去麥加朝聖的行者，不會輕易在路途中聽別人的話而改變路線，也不會輕易因別人的挑釁而拔刀相向。勾踐因為有復國雪恥的目標，因此不會因為夫差的羞辱而衝動。

因為有了努力的方向，所以不會盲目行動；因為身負重任，所以心無旁騖前行。有了自己最想完成的目標，我們的思考和行為或多或少都會受到影響，矯正我們的思想和行為，有效地增強我們自制力。

自由來自自制

沒有自由，人如同籠裡的鳥，即使是黃金做的籠子，也斷無快樂幸福可言。但在追求自由的路人，別忘了「自制」這個詞。沒有自制，必受他制。自由來自於自制。

　　例如：每個人都有享受美食的自由，可是當這種自由因為無限的擴張而失去控制時，自由就會被肥胖以及由此帶來的一系列疾病所束縛，節食和減肥就是在享受這種自由後不得不付出的代價。

　　抽菸、喝酒也一樣。當做不到自制地享受這些自由時，那無疑是在作繭自縛，甚至可能被剝奪享受這些自由的權利。

　　更極端的是，一些不知自制或不能自制的人，見色起心或見財生念，一時衝動做出違背法律的荒唐事，將自己送入監獄，徹底告別自由。

　　控制自己不是一件非常容易的事情，因為我們每個人心中永遠存在著理智與情感的鬥爭。自我控制、自我約束也就是要一個人依照理智判斷行事，克服追求一時情感滿足的本能願望。一個真正具有自我約束能力的人，即使在情緒非常激動時，也是能夠做到這一點的。

　　自我約束表現為一種自我控制的感情。自由並非來自「做自己高興做的事」，或者採取一種不顧一切的態度。如果任憑感情支配自己的行動，那便使自己成了感情的奴隸。一個人，沒有比被自己的感情所奴役而更不自由的了。

　　無法自制的人難以取得卓越的成就。所有的自由背後都有嚴格的自制能力，人一旦無法控制自己的情緒、惰性、時間、金錢……那他將不得不為這短暫的自由付出長遠的、備受束縛的代價。

無法自制，定被他制。如果不希望成為被別人判處約束的「無期徒刑」或「死刑」，你就得好好管住自己。

自制方能制人

　　有一次，小江和辦公大樓的管理員發生了一場誤會，這場誤會導致了他們兩人之間彼此憎恨，甚至演變成激烈的敵對情勢。這位管理員為了表示他對小江的不滿，在一次整棟大樓只剩小江一個人時，他就立即把整棟大樓的電源關掉。這種情況發生了幾次，小江決定進行反擊。

　　一個週末的下午，機會來了。小江剛在桌前坐下，電燈滅了。小江跳了起來，跑到樓下管理室。管理員正若無其事地邊吹口哨邊辦公。小江惱羞成怒，以十分難聽的話辱罵對方，而出人意料的是，管理員卻站直身體，轉過頭來，臉上露出開朗的微笑，他以一種充滿鎮靜與自制力的柔和聲調說道：「喂，你今天晚上有點太激動了吧？」

　　小江非常沮喪，他恨這位管理員恨得咬牙切齒，但是沒用。回到辦公室後，他好好反省了一下，覺得唯一的辦法就是向那個人道歉。

　　小江又回到管理室，輪到那位管理員吃驚了：「你有什麼事嗎？」

　　小江說：「我來向你道歉，不管怎麼說，我不該開口罵你。」

這話顯然改變了些什麼，那位管理員不好意思起來：「不用向我道歉，我也有做錯的地方。」

小江非常感動，兩人就這樣站著，居然還聊了一個多小時。

從那以後，兩人成了好朋友。小江也從此下定決心，以後不管發生什麼事，絕不再失去自制力。

這件事告訴我們：一個人必須先控制住自己，才能控制別人。

自制不僅僅是人的一種美德，在一個人成就事業的過程中，自制也能夠助其一臂之力。

有所得必有所失，這是定律。因此說，要想取得並非是唾手可得的成功，就必須付出努力，自制可以說是努力的同義語。

自制，就要克服欲望，人有七情六欲，此是人之常情。人最難戰勝的是自己。換句話說，一個人成功的最大障礙不是來自於外界，而是自身，除了力所不能及的事情做不好之外，自身能做的事不做或做不好，那就是自身的問題，是自制力的問題。

一個成功的人，他是在大家都做情理上不能做的事，他自制而不去做；大家都不做情理上應該做的事，而他強制自己去做。做與不做，克制與強制，這就是取得成功的因素。

從瑣碎小事中培養自制力

如果你今天早上計劃做某件事，但因昨天太晚睡而困倦，你是否會義無反顧地披衣下床？

如果你要遠行，但身體乏力，你是否要停止遠行的計畫？

如果你正在做的一件事遇到了極大的、難以克服的困難，你是繼續做，還是停下來等等看？

諸如此類的問題，若在腦中回答，答案一目瞭然，但若放在現實中，自己去拷問自己，恐怕也就不會回答得這麼快速了。現實是，有那麼多的人在生活、工作中遇到了難題，都被打趴了。他們不是不會簡單地回答這些問題，而是缺乏自制力，難以控制自己。

要擁有非凡的自制力，並非看幾本書，發幾個誓就能立刻見效。九尺之臺，起於累土。透過一件又一件的小事來鍛鍊自己的自制力，是一個切實可行的方法。

一九七六年，曾連續二十年保持美國首富地位的「石油大王」，象徵石油財富和權力的保羅‧蓋提（Paul Getty）去世，留下巨額遺產，按照他的遺囑，將約二十多億的遺產中十三億美元交給「保羅‧蓋提基金會」。

保羅‧蓋提曾不只一次地對他的子女們說：一個人是否能掌握自己的命運，完全依賴於自我控制力。如果一個人能

夠控制自己，他就不必總是按喜歡的方式做事，他就可以按需要的方式做事。這正是人生成功的要點。

保羅‧蓋提是一個富家子弟，年輕時不愛讀書，遊手好閒。有一次，他開著車在鄉村疾馳，直到夜深了下起大雨，他才在一個小城鎮找一家旅館住下來。

他倒在床上準備睡覺時，忽然想抽一支菸。取出菸盒，不料裡面卻是空的。由於沒有菸，他就更想抽菸了。他索性從床上爬起來，在衣服裡、旅行包裡仔細搜尋，希望能找到一支不小心遺漏的菸，但他什麼也沒有找到。

他決定出去買菸。在這個小城鎮，居民沒有過夜生活的習慣，商店早就關門了。他唯一能買到菸的地方是遠在幾公里之外的火車站。當他穿上雨鞋、披上雨衣，準備出門時，心裡忽然冒出一個念頭：「難道我瘋了嗎？居然想在半夜三更，離開舒適的被窩，冒著傾盆大雨，走好幾公里路，目的只是為了抽一支菸，真是太荒唐了！」

他站在門口，默默思考著這個近乎失去理智的舉動。他想，如果自己這麼缺少自制力，是能做什麼大事？

他決定不去買菸，重新換上睡衣，躺回被窩裡。

這天晚上，他睡得特別香甜。早上醒來時，他渾身輕鬆，心情很愉快。因為他徹底擺脫了一個壞習慣的控制。從這天開始，他再也沒有抽過菸。

對於保羅‧蓋提來說，戒菸的真正意義不在於戒菸本身，而在於戒菸成功後對自己意志與自制力的磨練與提升。因此，對於本節前面所提的瑣碎小事，若能有所警醒，和惰性和慣性奮鬥並最終取勝，對於自己自制力的增強會有莫大的幫助。

脾氣不好可以改變嗎

一提到「脾氣」，許多人都會認為是與生俱來無法改變的。因此，那些脾氣不好的人，大多是一貫如此，直至老死仍沒有任何改變。脾氣不好的人，最容易衝動。

從前，有個脾氣差勁的男孩，到處樹敵，人人見到他都避之唯恐不及。男孩也為自己的脾氣而苦惱，但他就是控制不住自己。

一天，父親幫了他一包釘子，要求他每發一次脾氣，都必須用鐵錘在他家後院的柵欄上釘一個釘子。

第一天，小男孩一共在柵欄上釘了三十七個釘子。過了一段時間，由於學會了控制自己的憤怒，小男孩每天在柵欄上釘釘子的數目逐漸減少了。他發現控制自己的脾氣比往柵欄上釘釘子更容易，小男孩變得不愛發脾氣了。

他把自己的轉變告訴了父親。父親建議說：「如果你能堅持一整天不發脾氣，就從柵欄上拔掉一個釘子。」經過一段時間，小男孩終於把柵欄上的所有釘子都拔掉了。

　　父親拉著他的手來到柵欄邊，對小男孩說：「兒子，你做得很好。可是，現在你看一看，那些釘子在柵欄上留下了小孔，它們不會消失，柵欄再也不是原來的樣子了。當你向別人發脾氣之後，你的那些傷人的話就像這些釘子一樣，會在別人的心中留下傷痕。你這樣就好比用刀子刺向某人的身體，然後再拔出來。無論你說多少次對不起，那傷口都會永遠存在。其實，言語上對人造成的傷害與傷害人們的肉體沒什麼兩樣。」

　　還有一個故事也能夠說明我們的觀點。

　　有位脾氣暴躁的弟子向大師請教，「我的脾氣一向不好，不知您有沒有辦法幫我改善？」

　　大師說：「好，現在你就把『脾氣』取出來幫我看看，我檢查一下就能幫你改掉。」

　　弟子說：「我身上沒有一個叫『脾氣』的東西啊。」

　　大師說：「那你就對我發發脾氣吧。」

　　弟子說：「不行啊！現在我發不起來。」

　　「是啊！」大師微笑說：「你現在沒辦法生氣，可見你暴躁的個性不是天生的，既然不是天生，哪有改不掉的道理呢？」

　　如果你覺得情緒失控，怒火上升，試著延緩十秒鐘或數到十，之後再以你一貫的方式爆發，因為，最初的十秒鐘往往是最關鍵的，一旦過了，怒火常常可消減一半以上。

　　下一次，試著延緩一分鐘，之後，不斷加長這個時間，一天、十天，甚至一個月才生一次氣。一旦我們能延緩發怒，也就學會了控制。自我控制能力是一個人的本質。

　　記住，雖然把氣發出來比悶在肚子裡好，但根本沒有氣才是上上策。不把生氣視為理所當然，內心就會有動機去消除它。其具體方法如下：

- **辦法一**：降低標準法。常常發脾氣可能和你對人對事要求過於苛刻有關，也可能和你喜歡以自我為中心、心胸狹窄且不夠寬容有關。因此，透過認真反省，改變自己的思考方式和處事習慣，降低要求別人的標準，學會理解和寬容忍讓，是改掉壞脾氣的根本途徑。

- **辦法二**：轉移法。怒氣上來時，要克制自己不要對別人發作，同時透過使勁咬牙、握拳、深呼吸等動作，使情緒藉由動作宣洩出來。

- **辦法三**：逃離現場法。發火多由特定的情景引起，因此當怒氣上來時，培養自己養成條件反射般立即離開現場的習慣，暫時迴避一下，等到冷靜下來再處理事情。

- **辦法四**：精神勝利法。一說到精神勝利法，大家可能自然而然地想到阿Q，不屑效仿，但偶爾精神勝利一下也未嘗不可。相傳某禪師帶著弟子外出化緣，途中遇一惡人左右刁難，百般辱罵，禪師不搭理，該人竟窮追數里不肯甘休。

禪師面無懼色，和弟子談笑自如。惡人無奈，只得善罷甘休。事後，弟子不解，問禪師：「師傅你遭此不公平為何不生氣，不反擊？」師傅答道：「若你路遇野狗朝你狂吠，你會放下身段與之對吠嗎？弄不好惹牠咬了你，難道你也去咬牠？」禪師面對挑釁與侮辱的態度難道不是一種大智慧嗎？

別人氣我我不氣

人生難免遇到不如意的事情。許多人遇到不如意的事時常常會生氣，殊不知，生氣不但無助於問題的解決，反而會傷害感情，弄僵關係，使本來不如意的事更加不如意，雪上加霜。更嚴重的是，生氣有害於身心健康，簡直是自己「摧殘」自己。

德國學者康德說：「生氣，是拿別人的錯誤懲罰自己。」古希臘學者伊索說：「人需要平和，不要過度地生氣，因為從憤怒中常會產生出對於易怒的人的重大災禍來。」俄國作家托爾斯泰說：「憤怒使別人遭殃，但受害最大的卻是自己。」

一位心理學專家分析：如果一個人生氣十分鐘，他所耗費的精力，不亞於參加一次三千公尺的賽跑；人生氣時，體內會合成一些有毒性的物質。常常生氣的人無法保持心理平衡，自然難以健康長壽，活活氣死人的現象也並不罕見。另

一項實驗研究也表明：如果一個人遇上高興的事，其後兩天內，他的免疫能力會明顯增強；如果一個人遇到了生氣的事，其免疫功能則會明顯降低。

　　生氣既然不利於建立和諧的人際關係，也極有害於自己的身心健康，那麼，我們就應該學會控制自己，盡量做到不生氣，萬一碰上生氣的事，要提高心理承受能力，自己幫自己「消氣」。要學會息怒，要「提醒」和「警告」自己：「萬萬不可生氣」，「這件事不值得生氣」，「生氣是自己懲罰自己」，使情緒得到緩衝，心理得到放鬆。

　　應該把生氣消滅在萌芽狀態。要認知到容易生氣是自己很大的不足和弱點，千萬不可認為生氣是「正直」、「坦率」的表現，甚至是值得炫耀的「豪放」。那樣就會放縱自己，真的有生不完的氣，害人害己，後患無窮。

第四章
幫情緒的壓力鍋減壓

「任何時候，一個人都不應該做自己情緒的奴隸，不應該使一切行動都受制於自己的情緒，而應該反過來控制情緒。無論境況多麼糟糕，你都應該努力去支配你的客觀條件，把自己從黑暗中拯救出來。」──羅伯特‧懷特（Robert Wight）

「成功的祕訣就在於懂得怎樣控制痛苦與快樂這股力量，而不為這股力量所反制。如果你能做到這點，就能掌握住自己的人生，反之，你的人生就無法掌握。」── 安東尼‧羅賓斯（Anthony Robbins）

「幻想出來的痛苦一樣可以傷人。」── 海涅（Heinrich Heine）

當水壺中的水沸騰時，蒸氣會由壺蓋的孔不斷冒出。壓力鍋蓋上也有一個小孔，在氣壓達到一定程度時，蒸氣也由此孔洩出。泡茶的小茶壺蓋上也有個小孔，熱氣亦由此排出。如果沒有孔的話，熱氣就無法散出，裡面的壓力持續累積，水會不斷地由壺內向外溢出，而壓力鍋則有爆炸的可能。總而言之，熱氣與壓力都必須能適度的發散才可以。

這個原理其實與人的情緒一樣。人的不良情緒一旦累積壓抑得太久，一旦爆發，其後果可能是無法挽回的遺憾。人的不少衝動，正是由於負面情緒的累積太多，結果因為一件小事，壓倒整隻駱駝。因此，學會幫自己的情緒減壓是減少衝動的辦法之一。

那種故意壓制自己情緒的人是非常危險的。他們不會發牢騷，總是面帶微笑。對人和善，為別人著想，工作認真，常常為幫助別人而留下來加班。當別人問他體力是否可以時，他總是以笑臉回答「不用擔心」。這其實是非常危險的，這種人就像熱水壺蓋上沒有孔一樣，不爆發則已，一爆發則「驚天動地」。

如果你認為自己的壓力正在不斷累積，那就試著將不滿、牢騷發洩出來吧。幫自己的不良情緒找個孔，讓身心更健康，讓行為更理智。

學會轉移注意力

很多人都有過這種體驗：當身體的某個部位疼痛時，如果我們越是將注意力聚集在疼痛部位，這種疼痛感會越強；而當我們將注意力移開，比如與人聊天、下棋或讀書，這種疼痛感就會減弱許多。

人的情緒之所以壞，在大多數情況下是有原因的，比如升遷受挫、失戀等。如果我們不將自己的注意力從這些引人不快的事件中轉移出來，我們就容易在壞情緒中徘徊、深陷。

當你因不愉快的事而情緒不佳時，你不妨試試轉移自己的注意力。

1. **積極參加團體活動，培養社交興趣**：人是社會的一員，必須生活在社會群體之中，一個人要逐漸學會理解和關心別人，一旦主動關愛別人的能力提高了，就會感到生活在充滿愛的世界裡。如果一個人有許多知心朋友，就可以取得更多的社會支持；更重要的是可以充分地感受到社會的安全感、信任感和激勵感，從而增強生活、學習和工作的信心和力量，最大限度地減少心理的緊張和危機感。

   一個離群索居、孤芳自賞、生活在社會群體之外的人，是不可能獲得心理健康的。獨門獨戶家庭的增多使得家庭與社會的交流日漸減少，因此走出家庭、擴大社會往來顯得更有實際意義。

在工作中，管理者在處理事情時可以多找下屬徵求意見，同事之間也可互相討論，集思廣益，最終拿出一個有效可行的方案。最終，這個方案因為已納入所有工作者的智慧，每個人都會感受到自己存在的價值，便可以減少不必要的失落。

2. **多找朋友傾訴，以排解鬱悶情緒**：在日常生活和工作中，我們難免會遇到令人不愉快和煩悶的事情，如果找個好友訴苦，那麼壓抑的心境就可能得到緩解，失去平衡的心理也可以恢復正常，並且能得到來自朋友的情感支持和理解，可獲得新的想法，增強戰勝困難的信心。

   還可以透過郊遊、爬山、游泳或在無人處高聲叫喊、痛罵等辦法消除不良情緒，或者去聽聽歌、跳跳舞，在美好旋律和輕快的舞步中忘卻一切煩惱。

3. **重視家庭生活，營造一個溫馨和諧的家**：家庭可以說是整個生活的基礎，溫暖和諧的家是家庭成員快樂的泉源、事業成功的保證。孩子在幸福和睦的家庭中成長，有利於人格的發展。

   如果夫妻不和、常常吵架，將會破壞家庭氣氛，影響夫妻的感情及各自的心理健康，而且也會使孩子心靈受到傷害。可以說，不和諧的家庭常常製造心靈的不安與污染，對孩子的成長很不利。

　　理想的健康家庭模式，應該是所有成員都能輕鬆表達意見，相互討論和協商，共同處理問題，相互提供情感上的支持，團結一致克服困難。每個人都應該注重建立和維持一個和諧健全的家庭。社會可以說是個大家庭，一個人如果能很好地適應家庭中的人際關係，也就可以很好地在社會中生存。

適度地發洩情緒

　　有幅漫畫的內容是，一位總經理正在訓斥一名員工，員工無奈，便轉而訓斥他的下屬，下屬生了悶氣，回家後居然莫名其妙地把氣撒在妻子身上，妻子便把受到的委屈一股腦地發洩在兒子身上，打了兒子一個耳光，兒子委屈之際，居然飛起一腳踢向小狗，小狗痛得到處亂竄，發瘋似的衝出門亂咬，結果正好咬到路過附近的總經理！

　　這雖然是一個虛構故事，但需要我們注意的是，這裡的員工訓斥下屬，下屬訓斥妻子，妻子打了兒子，兒子踢了小狗，便是所謂的「發洩」。

　　怒氣是千萬不能長期積壓的，從心理學角度來講，適度宣洩能夠減輕或消除心理或精神上的疲勞，把怒氣發洩出來比讓它鬱積在心裡要好得多，這麼做能夠使你變得更加輕鬆愉快。

　　適度的情緒發洩也就像夏天的暴雨一樣，能夠淨化周圍的空氣，傾吐胸中的憂鬱和苦衷；能緩解緊張情緒，降低衝動的可能性。發洩的方法很多，可以透過各種對話、會議等發表意見，也可找知己談心，或找人諮詢，或透過寫文章、寫信來表達情感。如果都不能奏效，乾脆痛哭一場，哭是宣洩情緒的一個好方法。孩子遇到了傷心事，常常一哭了事。成年人，特別是男性，多以「男兒有淚不輕彈」自居，強忍悲痛而不流出眼淚。但是，根據相關統計分析，這種悲而不哭的情緒與男性罹患冠心病、胃潰瘍、癌症的比例比女性的高有一定的關係。因為悲傷與恐懼等消極情緒會使體內某種有害激素含量過高而危害健康，而眼淚便能幫助排洩一部分對健康有害的化學物質。

　　和被動的「發洩」不同，人如果有怨氣，可以透過某種手段去減壓，這就是將自己不良的情緒「宣洩」出來。如何「宣洩」，可謂是一門學問。這裡介紹一些適度「宣洩」的方法，你不妨一試：

　　在生某人某事氣之後，可利用你手中的筆，把這件事的發展經過全部記下來，盡情地書寫下來，或者寫一封言詞尖銳的書信，將對方痛罵一頓。然而你必須要記住，「信」可隨意書寫，但不可以寄發出去。美國第十六任總統林肯就常常用此種方法來宣洩心中的怒氣，他在外面受了別人的氣，回到家裡之後就寫一封痛罵對方的信。家人在第二天要為他

寄發這封「信」時，他卻阻止信的寄出，原因是：「寫信時，我已經出了氣，又何必把它寄出去惹是生非呢！」

還可以採取痛哭的方式宣洩。心理學家已經指出：痛哭也是一種自我心理的救護措施，能使不良情緒得以宣洩和分流，痛哭之後心情自然會比原來暢快許多。

利用「道具」宣洩也是一個有效的辦法。這裡所說的「道具」，指的是能夠被用來發洩心中怒氣的物品。日本有一家大公司的總裁，很會讓員工盡情地「發洩」，他定做了一個與他身材同樣大小的橡膠塑像，讓對自己有意見的員工可以對這個逼真的塑像盡情拳打腳踢，等「宣洩」夠了，員工也消了氣，恢復了心理平衡。在生活中我們也可以借鑑這種方法，然而要切記的是要掌握好時間、場合和對象，否則可能造成不樂見的後果。

另外，體育鍛鍊能增加人對外界的適應力與抵抗力，在運動的過程中，壓力會逐步地得到調節，在不知不覺中慢慢就紓解了內心的不愉快。

二十一個減壓方法

對於每個人來說，壓力是避免不了的，但情緒和態度是可以改變的。在各種壓力中，情緒壓力的「殺傷力」最大。情緒壓力除了會導致各種疾病產生外，還是造成人思考盲點的禍首之一。

下面介紹心理學專家提出的消除情緒壓力的方法。

1. 當你感到有情緒壓力時，邀幾個親朋好友去聚餐一次，或去觀賞一部電影。

2. 尋找最近自己在生活中處理成功的一件小事，給自己獎勵，買一件禮物送給自己。

3. 分析壓力產生的原因，找出排解它的方法。

4. 找一個自己信任的人，開懷傾談一次。

5. 將情緒壓力演變的結果，在心裡預想一下達到這個結果的全過程，做好充分的心理準備。

6. 如果是欲望或動機過高，每週要安排一天用完全不同的興趣（例如打高爾夫球、畫畫、下棋、種花）來調節。

7. 自我的能力和精力不要極端地消耗，有時要懂得保存體力。

8. 要懂得創造性的休息方法，休息的種類、方式要豐富多樣，不要單調。

9. 若壓力已造成身體不適（如心臟痛、大量出汗、睡眠障礙、腸胃消化功能下降等），要認真看待，及早健康檢查。

10. 在休閒時，進行體育活動，但一次活動的時間不宜過長，運動不要過猛，要做到細水長流。

11. 將家庭生活、工作、社會往來等方面遭到壓力的原因用一張小紙條寫下，然後對每個壓力想出三個不同的點子來對付它，可以與朋友和信賴的人商量。

12. 寫「壓力自傳」。把自己所遭遇的壓力，用日記、自傳體的方式記錄下來，自己保存，供以後參考。

13. 對自己要求不要過高，記住一首讚美詩中的七個字：「只要一步就夠好」。

14. 不要將所有重擔和責任背負在自己一個人身上，要信賴別人，做到責任分擔，學會與別人合作。

15. 勇於決斷。錯誤的決斷比不決斷或猶豫不決更好。決斷錯誤可以修正，不決斷或猶豫不決會導致壓力的產生，有損身心健康。

16. 不要為小事垂頭喪氣，不拘泥於瑣碎之事。對瑣碎之事過分擔心，往往會被壓力壓垮。要有綜觀全局的氣魄。

17. 要防止過於孤獨，設法結識一些新朋友，認識一些新鮮事物，以保持精神上的平衡。

18. 有時候要自我吹噓、自我陶醉、自我讚美一番，保持良好的自我感覺才能振奮精神。

19. 要有充分的睡眠時間，損失的睡眠時間要補足。

20. 不過分拘泥於成功。失敗是成功之母，有意義、有經驗的失敗要比「簡單的成功」獲益更大。

21. 運用幽默、微笑來調節情緒，用自我催眠和深呼吸等方法來放鬆身心。在任何時候都不要失去自信心。

給自己一點心理補償

　　心態失衡的現象在現代競爭日益激烈的生活中時有發生。遇到成績不如意、考試落榜、面試落選、與家人爭吵、被人誤解譏諷等情況時，各種消極情緒就會在內心累積，從而使心理失去平衡。消極情緒占據內心的一部分，日積月累，使其越來越沉重、越來越狹窄；未被占據的那部分卻越來越空、越變越輕。所以心理明顯分裂成兩個部分，沉者壓抑，輕者浮躁，使人出現暴戾、輕率、偏頗和愚蠢等難以自抑的衝動行為。這雖然是心理累積的能量在自然宣洩，但是它的行為卻具有破壞性。

　　這時我們需要的是「心理補償」。縱觀古今中外的強者，他們成功的祕訣就包括調節心理的失衡狀態，透過心理補償逐漸恢復平衡，直至增加建設性的心理能量。

　　這樣的比喻相當形象化：人就像一座天平，左邊是心理補償功能，右邊是消極情緒和心理壓力。你能在多大程度上加重補償功能的砝碼而達到心理平衡，你就能在多大程度上擁有了時間和精力，信心百倍地去從事那些有待完成的任務，並有充分的樂趣去享受人生。

　　那麼，應該如何加重自己心理補償的砝碼呢？

　　首先，要有正確的自我評價。情緒是伴隨著人的自我評價與需求的滿足狀態而變化的。所以，人要學會隨時正確評

價自己。有的青少年就是由於自我評價得不到肯定，某些需求得不到滿足，此時未能進行必要的反思，調整自我與客觀之間的距離，所以心境始終處於鬱悶或怨恨狀態，甚至悲觀厭世，最後走上絕路。由此可見，年輕人一定要學會正確評估自己，對事情的期望值不能過度高於現實值。當某些期望不能得到滿足時，要勸慰和說服自己。生活中處處有遺憾，然而處處又有希望，希望安慰著遺憾，而遺憾又充實了希望。遺憾是生活中的調劑，它為生活增添了發憤改變與追求的動力，使人不安於現狀，永遠有進步和發展的空間。正如法國文豪大仲馬所說：「人生是一串由無數小煩惱組成的念珠，達觀的人是笑著數完這串念珠的。」沒有遺憾的生活才是人生最大的遺憾。

　　為了能有自知之明，常常需要正確地對待別人的評價。因此，常常與別人交流思想，依靠友人的幫助，是求得心理補償的有效手段。

　　其次，必須意識到你所遇到的煩惱是生活中難免的。心理補償是建立在理智基礎之上的。人都有七情六欲及各種感情，遇到不痛快的事自然不會麻木不仁。沒有理智的人喜歡抱屈、發牢騷，到處辯解、訴苦，好像這樣就能擺脫痛苦。其實往往是白費時間，現實還是現實。明智的人勇於承認現實，既不幻想挫折和苦惱會突然消失，也不追悔當初，而是認為不順心的事別人也常遇到，並非是老天跟你過不去。這

樣你就會減少心理壓力,使自己盡快平靜下來,客觀地對事情做分析,總結經驗教訓,積極尋求解決的辦法。

再次,在挫折面前要適當用點「精神勝利法」,即所謂「阿Q精神」,這有助於我們在逆境中進行心理補償。例如,實驗失敗了,要想到失敗是成功之母;若被人誤解或誹謗,不妨想想「在罵聲中成長」的道理。

最後,在做心理補償時也要注意,自我寬慰不等於放任錯誤,或者為錯誤辯解。一個真正的達觀者,往往是對自己的缺點和錯誤最無情的批判者,是勇於嚴格要求自己的進取者,是樂於向自我挑戰的人。

記住雨果的話吧:「笑就是陽光,它能驅逐人們臉上的冬日。」

靠自己解放自己

你感到常常受到壓制,被人欺負嗎?人們是如何對待你的?你是不是覺得自己常被人利用和欺負?你是否覺得別人總是占你的便宜或不尊重你?人們在討論計畫的時候是否不徵求你的意見?你是否發現自己常常在扮演自己不喜歡的角色,想改變這種處境?

美國一位律師韋恩指出:「我在訴訟人和朋友們那裡最常聽到的就是這些問題。他們從各種各樣的角度感到自己是

受害者，我的反應總是同樣的，『是你自己讓別人這樣對待你的』。」

中年婦女蓋伊爾來找韋恩，因為她感到自己受到專橫的丈夫冷酷無情的控制。她抱怨自己對丈夫的辱罵和操縱逆來順受，她的三個孩子也沒有一個對她表示尊重，她已經是走投無路了，感覺自己隨時都會崩潰。她甚至時常有殺了丈夫或自殺的念頭，而且這種念頭日益強烈。火山正處於爆發的前夕。

蓋伊爾對韋恩講述了自己的身世。韋恩聽到的是一個從小就容忍別人欺負的典型例子。從她性格形成的時期開始，直到結婚為止，她的行為一直受到她極端霸道的父親的監視。沒想到她的丈夫「碰巧」也和她的父親非常相像，因此婚姻又一次把她推入深淵。

韋恩向蓋伊爾提出建議，希望她設法向她的丈夫及孩子們表明：她不再受人擺布了。她丈夫最拿手的一個方法就是向她發脾氣，對她表示嫌棄，特別是當孩子們或者其他的成年人在場的時候。過去她不肯當眾大吵一場，因此對丈夫的挑釁總是毫無反抗。現在，她要完成的第一個任務，就是理直氣壯地和丈夫抗爭，然後拂袖而去，當孩子們對她表現出不尊重的時候，她堅決地要求他們對長輩要有禮貌。

在採取這種有效的態度幾個月之後，蓋伊爾高興地向韋

恩彙報：她的家庭對她的態度發生了很大的變化。蓋伊爾透過切身經歷了解到，的確是自己教會別人怎樣對待自己的。

蓋伊爾還了解了自我解放的關鍵，是用行動而不是用語言去教育人。這就證明，你表明決心的行動勝過千百萬句深思熟慮的言語。

韋恩指出：「許多人以為斬釘截鐵地說話意味著令人不快或蓄意冒犯，其實不然。它意味著大膽而自信地表明你的權利，或者聲明你不容侵害的立場。」

下面是一些策略，像蓋伊爾一樣的人可以運用這些策略來告訴別人如何尊重自己。

1. **盡可能多地用行動而不是用言語做出反應：** 如果在家裡有什麼人逃避自己的責任，而你通常的反應就是抱怨幾句然後自己去做，下一次就要用行動來表示。如果應當是你的兒子去倒垃圾而他常常忘記，就提醒他一次。如果他置之不理，就給他一個期限。如果他無視這一期限，那麼你就不動聲色地把垃圾放在他的床邊。一次教訓，會比千言萬語更能讓他明白你所說的「職責」是什麼意思。

2. **拒絕去做你最厭惡的、也未必是你的職責的事：** 兩個星期不為別人收拾辦公桌看看會發生什麼情況。基本上，辦公室裡一切雜事都由你做，就等於你已經向別人表明你會毫無怨言地做這些事。

3. **斬釘截鐵地說話**：即使是在可能會顯得有些唐突的場所，毫無拘束地對服務生、店員、陌生人、祕書、計程車司機說話，對蠻橫無理的人以牙還牙。你必須心甘情願地邁出這第一步，克服你的膽怯心理，記住：千里之行始於足下。

4. **不再說那些招引別人欺負你的話**：「我是無所謂的」、「我可能沒什麼能耐」，或者「我從來不懂那些法律方面的事」，諸如此類的推託之辭就像是為別人利用你的弱點開了許可證。當服務生在總計你的帳單時，如果你告訴他你對計算一竅不通，那你就是暗示他，你不會挑出什麼「錯」的。

5. **對盛氣凌人者以牙還牙，冷靜地指明他們的行為**：當你碰到吹毛求疵的、愛插嘴的、強詞奪理的、誇誇其談的、令人厭煩的以及其他類型的欺人者，冷靜地指明他們的行為。記住，以牙還牙不是衝動性質的瘋狂反擊，而是有理的冷靜對抗。你可以用諸如此類的話聲明：「你剛剛打斷了我的話」，或者「你埋怨的事永遠也變不了」。這種策略是非常有效的反抗方式，它告訴人們，他們的舉止是不合情理的。你表現得越冷靜，對那些試探你的人越是直言不諱，你軟弱可欺的地位就越快改變。

6. **告訴人們，你有權利支配自己的時間去做自己喜歡做的事**：從繁忙的工作中脫身休息一下是理所當然的，把你支配自己休息和娛樂的時間視為是無可非議的，這是不容別人侵犯的正當權益。

7. **勇於說「不！」**：屏棄那種支支吾吾的態度，它容易讓人造成對你的誤解。與隱瞞自己真實感受、繞圈子的話相比，人們更尊重那種毫不含糊的回絕。同時，你也會更加尊重你自己。

8. **胸懷坦蕩**：不要為人所動，並因此對自己所採取的果斷態度感到內疚。如果有人對你做出受了委屈的表情，向你說好話，給你好處或是表示生氣時，你不要感到彆扭。

基本上，你過去已經教會別人怎樣欺負你，對於這樣的人，這種做法你是不太熟練該如何反應的。在這種時候，你要站穩腳跟。

記住：是你教會人們怎樣對待你的。如果你把這一條當作你生活的原則的話，你就能夠自己解放自己，不會一再地逆來順受，直至火山爆發毀滅一切。

第五章
衝動常因口角而起

「語人之短不日直，濟人之惡不日義。」 —— 林逋

「遇默默不語之士，切莫輸心；見悻悻自好之徒，應該須防口。」 —— 陳繼儒

「謬誤出於口，則亂及萬里之外。」 —— 陸賈

「在人含怒時千萬要注意兩點：第一不可惡語傷人，第二不可因怒而輕洩隱祕。」 —— 培根

如果爭論不可避

禍從口出，病從口入。但我們不能因懼怕闖禍而閉口不說，就像我們不能因懼怕生病而禁食一樣。我們只是主張在以社交為目的的場合，要盡量避免和別人爭論，因為交談的主要目的是促進彼此的了解，增進雙方的友誼，是一種社交活動，一旦爭論起來就很容易和原本友好的目的背道而馳了。

在一家餐廳，一位顧客高聲喊道：「服務生，你過來！你過來！」等服務生來到座位，該顧客指著面前的杯子，說：「你們的牛奶是壞的，把我的一杯紅茶都糟蹋了。」

「真對不起，」服務生賠不是，「我馬上幫您換一杯。」新紅茶很快就準備好了，碟邊的那杯跟前面那杯一樣，放著新鮮的檸檬和牛奶。服務生將牛奶輕輕放在顧客面前，又輕聲地說：「我忘了建議您，如果放檸檬，就不要加牛奶，因為有時候檸檬酸會造成牛奶結塊。」那位顧客的臉一下子紅了，嘴裡喃喃地道著歉，匆匆地喝完茶走出去了。

別的顧客笑問服務生：「明明是他的錯，你為什麼不直說呢？他那麼粗魯地叫你，你為什麼不還以顏色？」

「正因為他粗魯，所以要用婉轉的方式對待；正因為道理一說就明，所以用不著大聲。」服務生說，「理不直的人，常用氣壯來壓人。理直的人要用氣和來交朋友。」

這個服務生很會做人，爭執如果不能避免，就要爭得有點意義，有點價值。因此，不妨學一點「爭執的藝術」。

首先，要學會幫別人找臺階下，不可得理不饒人。得理的一方應該要有度量，最好能夠一方面解釋，一方面調和。即使是爭執也不要用過激的語言，要就事論事，以避免衝突的擴大。

其次，要學會及時溝通。一個病人在一家小醫院排隊看病，他將手中的報紙看完了，隊伍也沒挪動一步。於是他怒火萬丈，敲著值班室的窗戶對值班人員大喊：「你們這是什麼醫院？這麼多人排隊你們看不見嗎？為什麼不想辦法解決？我下午還有急事呢！」值班護理師面對病人的怒火，有耐心地解釋說：「很抱歉，讓你久等了。是這樣的，醫生正在搶救一個病人，一時脫不了身。我再打電話問一下，看看他還要多久才能出來。謝謝你的耐心等候。」患者排半天隊得不到及時診治，責任並不在值班護理師，但面對病人的錯怪，她卻能沉住氣，一面解釋，一面安慰，這就比以怒制怒、火上添油的回答要好得多。

第三，要學會轉移注意力。在陷入與別人無謂的爭執當中時，不妨停止爭吵，去做一件可以轉移注意力的事。一個年輕人和女友出去玩，他不停地開玩笑，一不小心踩到女友的痛處，女友和他吵了起來，年輕人怎麼勸也沒有用。最後，他忽然跑到對面商店買了一瓶飲料，遞給她說：「妳先

喝完了再跟我吵，潤潤嗓子，免得不舒服，好嗎？」女友的氣一下子就消了。

有句格言說：「攻人之惡毋太嚴，要思其堪受；教人以善毋過高，當使其可從。」這句話值得深思。

質問最傷感情

某日在一公車上，前排座位有兩位乘客在談話：

「最近看了一部電視劇，演得真的很好。」A說。

「有什麼好的？」B質問他。

「劇情不錯，對婚外情有另一種見解。」

「對於婚外情能有什麼見解？」B仍然用那種語調說話。

「還需要問嗎？它指出婚外情之所以產生的價值觀差異啊。」

A似乎有點不高興了。

「這算是什麼別有見解？」B依然用質問語氣說。

這兩位乘客話不投機，氣氛十分尷尬。有人認為其原因就在B用質問的語氣來談話。許多夫妻不睦，兄弟失和，同事交惡，都是由於一方喜歡以質問式的態度來與對方談話所致。

像上述的那兩位乘客，如果後者改變一下他的態度，當第一個乘客提出對那部電視劇的意見時，他可以坦白說出自

己對這部電視劇的見解，而不要用質問的方式使對方難堪，這樣，這場談話就可以愉快地進行下去。

談話時習慣質問對方的人，多半胸襟狹窄，愛吹毛求疵，或性情孤僻，或自大好勝，所以即使在說話小節上，也把他的品格表現出來。其實，除了在不得已的場合（如在法庭上辯論）之外，質問的對話方式基本上是不必採用的。如果你覺得對方的意見不對，你不妨立刻把你的意見說出來，何必一定要先質問對方，使對方難堪呢？

同樣，也有些人愛用質問的語氣糾正別人的錯誤。

「我想昨天一定是今年以來最酷熱的一天了。」

「你怎麼知道的？」

對方雖然說錯了，但你何必要先給他一個難堪的質問呢？你既然知道昨天氣溫是三十二度，而前天卻達到三十五度，那麼你說出來就好了。先質問，後解釋，猶如先向對方打了一拳，然後再向他解釋一樣。這一拳，足以破壞雙方的情感。被質問的人往往會被弄得不知所措，自尊心受到很大的打擊，如果他也是個脾氣不好的人，必然會惱羞成怒，最終導向激烈的爭辯。

虛心、坦誠和尊敬別人是語言溝通的必備條件。把對方為難一下子，以逞一時之快，對人對己都沒好處。你不希望別人傷害你的自尊心，你也不要傷害別人的自尊心。甚至對

於你的後輩或下屬，如果有不妥之處，你可以詢問原因，可以向他們解釋，但方法和態度要真誠大方。如果你想使得對方心悅誠服，越是在意見分歧的時候，越不可用質問的方法。當對方被你的質問所迫時，在形勢上他失敗了，但他必定會抱恨在心。

雖然在朋友的笑語中，偶然以質問的語氣開玩笑是可以的，但不要常常用，以免養成了習慣。

以溫厚待人就是為自己留有餘地。向前衝得太用力，摔倒時傷痛當然更大。不侵害別人就是護衛自己，你輕易地進攻別人，如果估計失當，必會遭到慘敗。

如果你學會自嘲

所謂「自嘲」，就是運用嘲諷語言和口氣戲弄、貶低或嘲笑自己，以打破某種衝突的局面，活躍氣氛，或為自己解脫。

自嘲時貶損了自己，可以求得別人的諒解與寬容，由此甚至可以獲得赦免，由無望到有生。

三國時期的魏國，曾下令嚴格禁止飲酒，而身為尚書郎的徐邈卻私下飲酒以至於爛醉如泥。部下趙達請示曹中的事情 —— 古人把分科辦事的官署稱為曹，曹中有某事即尚書省中有某事。

　　沉醉中的徐邈已聽不清部下說的什麼事，只聽見說「曹……」怎麼怎麼，便以為趙達問魏太祖曹操怎麼樣，隨聲答道：「君主麼，不過是一個中等的聖人。」

　　趙達把這件事報告了魏太祖曹操，曹操大怒：徐邈違反禁令，私自飲酒；汙衊誹謗君主，非殺不可！

　　度遼將軍鮮于輔為徐邈求情說：「平日裡醉客稱不醉的人為聖人，稱醉了的人為賢人。徐邈生性謹慎，偶爾醉後失言，請求原諒。」

　　鮮于輔的辯解，把徐邈所說的「中等聖人」轉入新的概念範疇：醉客稱不醉的人為聖人，中聖人，就成了醉與不醉，酒量中等的人。自然徐邈話中貶斥意味減輕，為徐邈開脫，最後免於刑罰處分。

　　曹操的兒子魏文帝登基以後，問徐邈：「你看我還是不是『中等的聖人』呢？」

　　文帝的問話，調侃中帶有威嚴，戲弄中寓含警告。

　　徐邈說：「昔日的子反斃於谷陽，御叔因飲酒過度而受罰，臣的嗜好與這二人相同，不能自制，所以當時有那樣的話。成為醜話流傳，而臣卻因為酒醉而得聖上的賞識重用。」

　　子反是楚國臣子，在楚、晉兩軍對壘、形勢危急的情況下，楚王派人找子反商量對策，而子反沉湎於酒，這時已被

僕人谷陽灌得爛醉，不能前去議事。楚王說：「這是上天在讓楚國失敗啊，我不能再乾等了。」於是就連夜逃走了。楚軍敗退後，子反知道自己酒醉誤事，使楚軍敗亡，於是自殺。

徐邈借歷史典故表達了自己的負疚心情，誠摯感人，表達深切自責的沉痛心情。因此得到了魏文帝的諒解。並升他為撫軍大將軍軍師。

自嘲，是自己主動用針扎破「氣球」。在日常生活中，每個人都會遇到一些讓人感到難堪的玩笑，比如不知如何調節情緒，沉著應付，就會陷入窘迫的境地而讓情緒失控進而方寸大亂。相反地，如採取適當的「自嘲」方法，不但能使自己在心理上得到安慰，而且還能使別人對你有一個新的認識。

自嘲，是人生深厚精神底蘊的外在表現。它產生於對人生哲理高度的深刻體察，是既看到自己的不足，又看到自己優點後的一種自信。自嘲，是最為深刻的自我反省，而且是自我反省後精神的超越，顯示著靈魂的自由與瀟灑。自嘲，象徵著一定的精神境界。自嘲，也是緩解心理緊張的良藥，它是站在人生之外看人生。自嘲又是一種深刻的平等意識，其基礎是，自己也如別人一樣，有可以嘲笑的地方。自嘲，是保持心理平衡的良方，當處於孤立無援或無人能助時，自嘲可以幫自己從精神枷鎖中解救出來。能自嘲的人，至少心

眼不會狹窄，提得起，放得下，以一種平常恬靜的心態去品味與珍藏生活中的酸甜苦辣，去參透與超越人世間的利祿功名，從而獲得瀟灑充實的人生。

幽默是很實用的武器

當我們面對汙衊、詆毀、刁難等困境時，要保持內心的平衡。如果我們為之血壓升高、寢食難安，或在熱血沸騰的狀態下胡亂反擊，反而中了對方的圈套。要反擊，不妨運用幽默的武器。這種武器能讓你在不失風度、不過分的情況下，有理、有利、有力地回擊對方。

有一次，前英國首相溫斯頓‧邱吉爾的政治對手阿斯特夫人對他說：「溫斯頓，如果你是我丈夫，我會把毒藥放進你的咖啡裡。」

邱吉爾笑著說：「夫人，如果我是妳的丈夫，我就會毫不猶豫地把那杯咖啡喝下去。」

阿斯特夫人的進攻是如此咄咄逼人，邱吉爾不回擊未免就顯得自己軟弱，而回擊不慎卻可能導致一場毫無水準的「潑婦罵街」。邱吉爾畢竟是邱吉爾，一記順水推舟的幽默重拳，圓滿地化解了阿斯特夫人的進攻。

生活中，有的人利用自己有利的條件和別人的弱點，製造難題或荒謬，以炫耀自己，對此，幽默是與之抗衡的武

器。幽默的力量能讓一個人面對謾罵、詆毀與侮辱時，瀟灑有力地反擊對方，並毫髮不損地保全自己。

民主黨候選人約翰‧亞當斯在競選美國總統時，遭到共和黨的污蔑，說他曾經派他的競選夥伴湯瑪斯‧平克尼到英國去挑選四個美女做情婦，兩個給平克尼，兩個留給自己。亞當斯聽了之後哈哈大笑，馬上回擊：「假如這是真的，那平克尼將軍肯定是瞞著我，全都獨吞了！」

亞當斯最後當選，成為美國歷史上的第二位總統。亞當斯的勝利當然不能全歸功於幽默，但卻不能否認幽默魅力的功用。試想一下，如果亞當斯聽到攻擊之後氣急敗壞、暴跳如雷、臉紅脖粗，或辱罵對方的話，豈不是此地無銀三百兩嗎？

放冷箭、造謠言的成本極低，殺傷力卻極大。加上「好事不出門，壞事傳千里」的傳播喜好，一旦處理不當，便會為謠言主角造成極大的不利局面。

置身這類局面的人，最好運用幽默的武器，瀟灑地回擊對方。

言多必失，沉默是金

釋迦牟尼佛坐在蓮花池上，面對諸位得道弟子，突然拈花微笑，眾人不解其意，只有大迦葉尊者領悟了佛祖的意思，他會心一笑，於是就有了禪宗的起源。孔子觀於後稷之

廟，有三座金鑄的人像，人像的背上銘刻了許多字，其中幾句話是：「古之慎言人也，戒之哉！無多言，多言多敗；無多事，多事多患。」

有這樣一首詩寫道：「緘口金人訓，兢兢恐懼身。出言刀劍利，積怨鬼神嗔。緘默應多福，吹噓總是蠢。」釋迦牟尼佛作拈花微笑，金人背上銘刻「無多言，無多事」，寓意深刻。它勸誡人們：為人寧肯保持沉默寡言的態度，不驕不躁，狀若笨拙，絕對不可以自作聰明，喜形於色。

喜歡表達自己的見解是人的一種偏好，不管是有水準與沒有水準的人，知道與不知道的人，或者是見過世面與沒見過世面的人，大都如此。發生了一件事情，我們喜歡議論；看了一部電影，我們喜歡評論；有什麼與我們利益相關的事，我們更是說得沒完沒了；如果有人請教我們，我們會當仁不讓，口若懸河。一有說話的機會（或者一爭取到說話的機會），便滔滔不絕，眉飛色舞地談起來。其實，這並不是一件好事，很多聖賢都懂得這個道理，因此，他們緘默守聲，不輕易表達自己對外界事物及別人的看法。這裡面有著很深的道理和覺悟。

在佛教中，「沉默」具有其特殊的意義。當年文殊法師問維摩詰有關佛道之說時，維摩詰一言不發。維摩詰的沉默，在後來的禪師們看來「如雷聲一樣使人震耳欲聾」。這

種「如雷的沉默」，猶如颱風中心，看似無聲無力，卻是力量的泉源。如果我們拋開略顯晦澀的禪宗教義，從老子的「大辯若訥」以及莊子的「大辯不言」中，都可以感知古代先賢對於沉默的推崇。

《鬼谷子‧中經‧全篇》中有云：「言多必有數短之處。」這就是成語「言多必失」的出處。為什麼言多必失，我們可以從兩個角度來分析。首先，任何一個人都客觀存在著一定的語言失誤率，從機率的角度來說，「言」的基數越大，失誤的絕對數目就會越大；其次，言語過多，難免把時間與精力側重在了說上，幫思考留的時間與精力過少，必然會增加了語言的失誤率。

言多必失，沉默是金。一個人唯有靜下心來，才能集中精力，才能心地空澄，才能明察秋毫之末，才能多聽、多看、多想，才能不鳴則已，一鳴驚人。而且，恰如其分的沉默，無疑幫別人留下了足夠廣闊的表演空間，而你則是一個好聽眾、好觀眾，這樣無疑會贏得別人的好感與尊重。

值得指出的是，對沉默是金這句話當然也不應該死記硬背地去學習。什麼都不表態，什麼都保持沉默，並非是一種積極向上的人生態度。沉默要恰到好處。火候不足，內不足以修心養性，外不足以親切感人；火候過老，顯然已是身如槁木，心若死灰，又何來生趣呢？

　　總之，我們不能因為沉默而沉默，沉默不是最終的目的。沉默的最終目的是把話說好。只有這樣，沉默方才是金。

第五章　衝動常因口角而起

第六章
做人還是輕鬆好

「天下之樂無窮，而以適意為悅。」 —— 蘇轍

「得之不喜，失之安悲？」 —— 葛洪

「沒有任何外界的力量能夠統治你。」 —— 愛默生 (Ralph Emerson)

「生氣是拿別人的錯誤懲罰自己。」 —— 康德 (Immanuel Kant)

紅塵世間，紛紛擾擾。人來人往，步履匆匆。

擦身而過中，有人一聲哀嘆「做人真難」，又有人幾句抱怨「生活太累」。

歌中唱：「你我皆凡人，生在人世間。終日奔波苦，一刻不得閒……」它或許為我而寫，為你而寫，為他而寫。

在人際關係日益複雜、生存壓力越來越大的今天，越來越多的人背著沉重的包袱踽踽而行。他們如柳宗元筆下的「蝜蝂」，看見什麼都想往身上背。結果你要我也要，免不了一番爭鬥，免不了一場廝殺。其實，做人是一門學問，做人應該學會輕鬆；生活是一大難題，生活不能沒有快樂。在年復一年、日復一日的忙碌後，你若停下來，捫心自問：我多久沒有靜看日升日落的壯美了，我多久沒有細聽花開花謝的聲音了，我多久沒有朗讀震撼心魂的詩歌了，我多久沒有陪伴愛人走過繁華的大街了……你就會為錯過不少生活中的美好而深自遺憾。其實，你完全可以暫且卸下沉重的包袱，讓心靈喘口氣、休息一下。生命的真諦就在於懂得輕鬆做人與快樂生活。

一個懂得輕鬆做人的人，不會在乎俗人眼中的名利。因為不在乎，所以不衝動。

理性看待得與失

在得與失之間，演繹出多少悲劇！

為了得到那機率近似乎零的一千萬大獎，有銀行員工累計挪用公款數千萬，終究只是虛擲；為了搶回失去的戀人，有人不惜以身試法，血刃情敵。他們內心只有一個聲音：「我要得到。」或者是：「我捨不得。」

而實際上，生活當中的「得」與「失」都是相對而言的，每個人都必須帶著辯證性看待這個問題。「塞翁失馬，焉知非福？」——這已是一句老話了，卻仍有很多人看不透、捨不得。

曾經有這麼一個發生在法國的偏僻小鎮上的故事。

小鎮上有特別靈驗的泉水，常有奇蹟出現，曾醫治好很多種疾病。

有一天，一個失去了一條腿的退伍軍人拄著拐杖，一跛一跛地走過鎮上的馬路。小鎮上有人用同情的口吻說：「可憐的傢伙，難道他來這裡是要向上帝祈求再有一條腿嗎？」

這話被退伍軍人聽到了。他轉過身對那些人說：「我並非是要向上帝祈求有一條新腿，而是要他幫助我，讓我在失去一條腿後，知道如何去面對眼前的生活。」

得到固然是令人感到欣喜的，然而一旦失去也並不可怕。為所得到的感恩，也接納失去的事實。能夠做到正確的

取捨，知道自己真正想要的是什麼，並獲取它，那才是完美的事情。當人們失敗的時候，可能會有一件令人意想不到的收穫出現。心雖然容易憔悴，然而靈魂卻仍然堅強。

俗話說得好：有得必有失，有失必有得，不得不失，不失不得。有時，你可能為一時的不如意而恨天怨地，可是，在你失去的同時，轉過頭來，看看你同時得到了些什麼？上天的分派必然是公平公正的，在你失去財富、權力、愛情的同時，你也得到了人生的感悟，明白了生命的真正意義，你能說，這不是一種收穫嗎？

與此相反地，你青春得意，擁有財富、權勢，愛情、事業、前途……都一帆風順，你自己也揚眉吐氣，自以為是王者風範時，你同樣失去了些什麼？你眼中容不下別人，就不會有朋友；高高在上，就不會有同伴；有錢且有勢，愛情就是蒼白的……在這樣的情況下，你能說你是幸福的嗎？你能說你擁有了全世界？

在人生的路上就是這樣的，需要我們看中的應該是人的德行修養和德才培養，而並不是一時一事的得與失。要做到：「不以物喜，不以己悲。」千萬不要把得失建立在情感取向上。那麼，如何才能及時地調整好心態，正確地看待得失，重新鼓起勇氣向前邁進呢？這裡面隱藏著一個不斷修正人生追求座標的問題。

理性看待得與失

　　首先，就是要能夠帶著辯證性去看待得失。保持幾分心理平衡，最重要的一點就是要用辯證的思維方式，正確地看待人生得與失。其次，要提高自身認知以求平衡。不斷地調整失衡心態，透過對「付出」與「回報」的價值比較，來尋求一種恬淡的心理平衡。最後，是要對追求座標做一個正確而又必然的修正。一個人帶著夢想走到這個世界上，所追求的必然是多元化的，如果因某些原定的目標過高，而一時難以達到時，就應該審視一下自己的個人能力、人生機遇等條件，適時地去修正自己人生的追求座標。

　　老子有云：「禍兮福之所倚，福兮禍之所伏。」簡簡單單就得到的不一定就是好事，然而失去了也不一定就是壞事，我們要正確地看待個人的得失，不患得患失，才能真正有所得。我們不應該為表面的得到而沾沾自喜，認識人，認識事物，都應該要認識到它的根本，得也應該得到真的東西，千萬不要為虛假的東西所迷惑。失去固然可惜，但是也要看一看失去的是什麼，如果是由於自身的缺點、問題所造成的，那麼，這樣的失又有什麼可值得惋惜的呢？

　　人世間的一切並不是我們所能夠掌控的，生命也是一樣，所以，得與失本身不重要。生活在這個世上，幾乎沒有人能從生下來到走完一生，都在衣食無憂和萬事如意中度過。每人都必然要面對生命歷程中不斷出現的困難。這些困

難就是我們所說的「得」與「失」。既然是誰也免不了有得有失，那麼我們就需要有一個面對得失時的心態。

因此，得意忘形、驕奢淫逸、驚恐萬狀、惶恐沮喪等的處世態度，是那些心理狀態不成熟人的專利；而在當我們做到了「不以物喜，不以己悲，寵辱不驚，臨危不懼，胸有成竹，心如止水」，衝動又怎麼會輕易產生呢？

隨遇而安的哲學

在很久以前，有一個寺院，裡面住著一老一小兩位和尚。

有一天老和尚讓小和尚把一些花種在自己的院子裡，小和尚拿著花種正往院子裡走去，突然被門檻絆了一下，摔了一跤。手中的花種灑了滿地。這時方丈在屋中說道「隨遇」。小和尚看到花種灑了，連忙要去掃。等他把掃帚拿來正要掃的時候，突然天空中刮起了一陣大風，把散在地上的花種吹得滿院都是，方丈這個時候又說了一句「隨緣」。

小和尚慌了，這下該怎麼辦呢？師傅交代的事情，因為自己不小心而搞砸了，連忙努力地去掃院子裡的花種，這時天上下起了瓢潑大雨，小和尚連忙跑回了屋內，哭著說，因為自己的不小心把花種全灑了，然而老方丈微笑著說道「隨安」。冬去春來，一天清晨，小和尚突然發現院子裡開滿了

各種各樣的鮮花，他蹦蹦跳跳地去告訴師傅，老方丈這時說道「隨喜」。

實際上對於隨遇、隨緣、隨安、隨喜這四個隨，可以說就是人一生中的縮影，在遇到不同的事情，不同的情況的時候，我們最需要具備的心態就是「隨遇而安」的心態。

隨遇而安，看起來似乎有點消極，然而卻實在是非常客觀的。在 SARS 流行的那段時間裡，有很多社區都被封閉隔離起來，這讓許多人不得不停止忙碌，放慢速度。看似強制的封閉，卻讓有些人品嘗到了生活的樂趣 —— 當不得不從所謂的事業中抽身時，由於閒暇，由於心靈的放鬆，可以依照自己喜歡的方式來安排自己的生活，人們隨遇而安，享受生活之中難得的自由時刻，也就體驗著符合自然本性的溫馨。

我們應該當建立起一種「隨遇而安」的生活哲學，理性地體會人與人之間的自然需求，順其自然地享受快樂的生活。這樣，我們也能容許自身的內心有一個安寧而平靜的港灣，來停泊暫避暴風雨的生命之舟。

現實生活中，人們通常都為各式身外之物所困，活得非常地苦、非常地累，那麼也就更難維持平淡謙和的心境了！因此，樹立起達觀思想、樂觀生活的隨遇而安觀念非常重要。隨遇而安並不等同於傳統意義上的知足常樂，它包含了更為博大精深的哲學意義，是人與自然、社會和諧共處的切

入點，更確切一點來說，隨遇而安是一種「泰山崩於前而色不變」的大氣魄，是「以不變應萬變」的人生大智慧，是順應天地人合之境界的大謀略。

中國三大傳統學說中，佛家講究因果報應，儒家主張中庸處世，道家則強調清靜無為，這三者看似風馬牛不相及，但如果細細品味，就會感覺到三家的教義中無不隱含著隨遇而安的觀點。

有其因必有其果，有其果必有其因。冥冥之中，輪迴之間，眾生無我，苦樂隨緣，既然一切事物都有其既定的數目，那麼隨遇而安難道不是最明智的選擇嗎？

北宋哲學家程頤對中庸處世的解釋為：「不偏之謂中，不易之謂庸。」儒家的處世有出世、入世之分，用一句話概括起來就是：「達則兼濟天下，窮則獨善其身。」對於個人價值則是捆綁於社會的這樣一個大環境之中，中庸之道與隨遇而安觀念不謀而合。

對於道家處世，始終堅持修身養性，與世無爭，致力於玄學的研究，自然就擺脫了世俗之羈絆，於是選擇了隨遇而安的處世哲學。

具體到大千世界之中的漫漫人生，如果我們沒有一點自持的能力，沒有視金錢如糞土的見識，那麼又何必去痴迷於職位的升遷、金錢的累積呢？只要我們履行公民應盡的義

務，恪守公民應該遵守的道德規範，遇事以平常心處之，真正做到「世事洞明莫玩世，人情練達應助人」，即使我們人微言輕，達不到濟世澤民的宏圖，也能夠自然做到捫心無愧，隨遇而安！

曾經的先哲告誡我們：「富貴不能淫，貧賤不能移，威武不能屈。」別讓利欲蒙蔽我們的美好心靈，也別讓聲色迷惑我們的眼眸。感到患得患失的時候，就想一想盧梭的那句名言吧：「人來到這個世上是自由的，卻無所不在枷鎖之中。」也許，在這轉念間，我們的生活自然就會因此而步入一片坦途，頓然能夠悟出隨遇而安的妙處。

一個隨遇而安的人，有什麼能擾亂他的心智，讓他抓狂，讓他衝動？

平平淡淡才是真

有一位法師，醉心於吹笛，不管白天黑夜，他只知道吹笛子，雖然極其貧困，但他從不向人乞求幫助。

他有一個很富有的朋友，知道他的窮困後，就派人傳話說：「為什麼不對我說呢？你處於如此困境，我會幫助你的。」

法師聽了，回覆傳話的人說：「這真叫人感到惶恐，有件事我一直想開口，因生活困頓，心裡有忌憚，沒敢冒昧地提出來。既然他這麼說，我馬上就向他當面請求。」

富人朋友聽了回話後心想：他到底會開口懇請什麼事呢？如果要些錢財倒也沒什麼，但若提出讓人難堪的要求就討厭了。

日落時分，法師來到了富人朋友住處。

富人請他進來，坐定後問法師：

「有什麼事要我幫忙嗎？」

「前些日子裡有些事想請求你幫助，都忍著沒敢開口；先前聽到你的話，才斗膽前來。」

富人朋友聽到這裡，心想：這下你就會挑明真相了吧。但令他意想不到的是，法師竟說：「你有大片領地，我能不能向你請求一枝漢竹，讓我用它做一支笛子？我是多麼渴望得到這種笛子啊！因為家境貧寒，就只能在心裡日日企盼。」

「這太簡單了，我馬上派人砍來給你就是了，你就不想再求點別的什麼了？你的生活很艱難吧？生活上有什麼困難也可以說呀。」

法師說道：「太感謝了，但這類事不敢煩勞你。朝夕食物，我自會解決。」

就這樣，法師吹笛的技藝日益精湛，成為一代吹笛名手。

人生之中，有各色繁華、誘惑。有人汲汲營營，為之終日奔波；有人卻順其自然，靜守自己的心靈家園。

我們的衝動，常常會反覆振盪浮躁、得意、狂喜、傲慢、迷茫、不安、沮喪、焦慮、恐懼甚至絕望的結晶，也許這是因為當我們還是一張白紙時，被灌輸了狹隘的價值觀和急功近利的思想導向。

古今中外，真正的大師、智者，都是那些以平常心之韁繩牢牢地駕馭名利、得失心這匹烈馬的人。正所謂「像一個凡人那樣活著，像一個詩人那樣體驗，像一個哲人那樣思考」。

平淡之中，自有真味。一個順其自然、遠離浮躁之人，不會讓得失焰、名利火來灼傷自己。

名利枷鎖最誤人

「淡泊以明志，寧靜以致遠」，見利讓利，出名讓名，這種態度可能被某些人認為太糊塗，然而在他的背後，自然是比那些人能取得更大的成功。

洪應明在《菜根譚》中這麼說：「能忍受吃粗茶淡飯的人，他們的操守多半都像冰一樣清純、玉一般潔白；而講究穿華美衣服、飲食奢侈的人，他們多半都甘願做出卑躬屈膝的奴才面孔。因為一個人的志氣要在清心寡欲的狀態下才能表現出來，而一個人的節操都是從貪圖物質享受中喪失殆盡的。」

　　商業社會，要真正做到完全脫離物質而一味追求人格高尚純潔的確很難。但只要有了人格追求，起碼可以活得輕鬆瀟灑些，不為物質累，更不會為一次升遷、一次漲薪而鬧得不可開交。既不會因此而心中悶悶不樂，鬱鬱寡歡；也不會為功名利祿而趨炎附勢，出賣靈魂，喪失人格。現實生活中，每個人都可能有一兩次這樣的經驗和體會，當你放棄利益，保住人格時，那種欣喜愉悅是發自肺腑，淋漓盡致的。一個坦蕩蕩、人格純潔的人，他的心是寧靜安逸的，而蠅營狗苟的小人，他的心境永遠是風雨飄搖的。

　　凡是貪圖物質享受的人，他們的物質生活往往容易陷於糜爛，而精神生活卻空虛不堪，自然也不會有高尚的品德。他們為了能得到更高層次的享受，往往不惜用任何手段去鑽營名利，甚至於擺出一副卑躬屈膝的態度。為人處世，如果不本著「君子愛財，取之有道」的原則，反而過分追求生活享受，不但會做出損人利己的舉動，還會觸犯刑律惹出滔天大禍。

　　世界給予人們的種種誘惑，會使人有許多欲望和野心。這些欲望和野心往往使人執迷不悟，一心只想奪取和獲得，從而產生許多牽掛、憂慮、顧忌，心中負荷很重。一些先哲為了幫世人排解煩惱和痛苦，提出了各種各樣的忠告，大意是講人要獲得真正的人生，就要大徹大悟，無欲望，無念

頭，化萬念為無念，不被名利牽著鼻子走，這樣才能放鬆自己的身心，永遠快樂。可是這種高層次的境界，不但沒有被人們所接受，反而被說成是心灰意冷，不求上進。有的人還會就這個問題大發感慨：「什麼無欲無求，全是那些文人吃飽了沒事幹，撐得慌；什麼欲望和念頭都不要了，那麼人到世上來幹什麼？飯也不要吃了，覺也別睡了，學習、工作和結婚生子都沒有必要了，還不如死了算了！」這種感慨實際上是沒有真正領悟到先哲們大徹大悟的精髓，只是望文生義，是一種狹隘的心態。

法國作家大仲馬有一句名言：「人的腦袋是一座最壞的監獄。」落後的傳統思想觀念、生活方式和舊的思維方式，一旦在一個人的頭腦裡形成，就很難擺脫而形成思維障礙。

應該說名利並不完全是壞東西，那也是人們的正常欲望，每個人都想生活得更舒適、更輕鬆，所以，對名利的追求是可以理解的，完全用不著感到羞恥而遮遮掩掩。

這種正常的欲望如果引導得好，個人的自制力和天賦較高，甚至能激發人們的創造熱情，激勵人們奮發向上，積極做出貢獻，進而推動整個社會的進步。假如一個人對一切都滿足了，對任何新鮮美好的事物都無動於衷，什麼事也激發不起他的熱情，更不用提為之行動了。如果人人都處於一種無欲無求的境地，一天到晚什麼事也不做，那麼社會就會

停滯不前，陷入癱瘓狀態。但一個人名利思想過重，利欲薰心，為了名利不擇手段，甚至損害別人的利益，名利就會反過來束縛自己，使人動彈不得，心境浮躁，成了囚徒或奴隸。

這裡所說的淡泊名利，並不是什麼都不做了，連吃飯睡覺都免了，而是強調在做事時的一種心態。要正確看待名利帶給人的影響和了解自己內心真正的願望，無論是從政、經商，或者是做學問、藝術，都要把眼前的每一件事情做好，有益於眾人，有益於社會。把眼光放到整個社會利益的角度上，從狹隘的自我享受中解脫出來。

人生不要太在意

一個將軍百戰成名，九死一生。戰事平息之後，他閒暇時愛上養金魚。一天早晨，他發現自己最喜歡的金魚死了。他非常懊惱，衝動地將魚缸砸了，還把身邊的僕人一一痛罵。衝動過後，他冷靜一想：為什麼自己在沙場上能夠坦然地面對生死，而今天卻為了小小的一尾金魚大發雷霆？想了一會兒，他終於明白了其中的道理：原來自己太在乎這尾金魚了。

有一對年輕的夫婦，在吃飯閒談的時候，妻子也是因為興致所至，一不小心冒出一句不太順耳的話來，卻被丈夫細細地分析了一番，引起心中不快，便與妻子爭吵起來，最後

掀翻了飯桌，拂袖而去。

在平時的生活中，有些人總是把小事情看得過於重要。一個個優秀學子會為自己一次偶然的考試失利而失聲痛哭；大人會因為孩子不經意間冒出一句從外面學來的髒話而聲色俱厲……其實，對這些小事我們本來不必為此煩惱。一切只是因為我們自己太在意。

這些來自於平常的小事，在我們生活中並不少見，很多事情通常是人為地為自己的心靈施加壓力而造成的。比如，太在意主管的一句批評，太在意孩子的一句無心之語，太在意愛人的一次賭氣，細細想來，當然是以小失大，得不償失。我們不得不說，他們實在有點小心眼，太在意身邊那些瑣事了。其實，許多人的衝動，並非是由多大的事情引起的，而只是對身邊的一些瑣事過分在意、計較和「鑽牛角尖」。

比如，有一些人對周圍所發生的一切相當敏感，而且還常常曲解和誇大外來的各種資訊，對別人所說的每句話都要細細地琢磨，對自己的得失耿耿於懷，對於別人的過錯更是加倍抱怨。這種人其實是在用一種狹隘、幼稚的認知方式，為自己營造著心靈監獄，可謂是十足的自尋煩惱。他們不僅使自己活得非常累，同時也使周圍的人活得很無奈。

有一句話說得很妙：「同樣是一件事，想通了是天堂，如果想不通就是地獄。既然活著，就要活好。」有些事是否會

引來麻煩與煩惱，完全取決於每個人如何看待與處理它們。
正所謂事在人為，認知不同，結果也就自然會大相徑庭。所
以美國的心理學家提出了消除煩惱的「認可療法」，就是透
過改變人們對於事物的認識方式和反應方式，避免煩惱與疾
病。所有的一切都需要我們先學會不在意，學會換一種思維
方式來面對眼前所發生的一切。

　　所謂的不在意，就是不要總是對任何事都大驚小怪，對
於很小的事情千萬不要去鑽牛角尖，別太要面子，別事事
「鑽牛角尖」、小心眼；別把那些微不足道的雞毛蒜皮的小
事全都放在心上；別過於看重名與利的得失；別為小事情著
急上火，驚天動地似地大喊大叫，以至於因小失大，後悔莫
及；別那麼多疑敏感，總是曲解別人的意思；別誇大事實，
製造假想敵；別把與你愛人說話的異性都打入「第三者」之
列而暗暗仇視之；同時，我們也不要像林黛玉那樣多愁善感，
總是顧影自憐。要知道，人活著有些時候真的需要有一點
點傻。

　　一個遇事不在意的人，是超越自我的人，也是活得瀟灑
的人。因為沒有了瑣事的羈絆，也就會使身心獲得解放。

　　不在意，也是為自己設置了一道心理防線。不僅不去主
動地製造一些煩惱的資訊來進行自我刺激，而且即使在面對
一些真正的負面資訊、不愉快的事情的時候，也要努力地做

到處之泰然，置若罔聞，不屑一顧，真正地做到「身穩如山岳，心靜似止水。任憑風浪起，穩坐釣魚臺」的境界。

這不僅是自我保護的巧妙方法，同時也是堅守目標、排除干擾的良策。

當然「不在意」最終所展現的是一種人格上的修養，同時也是一種人生的大智慧。那些凡事都與人計較、錙銖必爭的人，自以為很聰明，其實是以小聰明，做大蠢事，占小便宜，爭大煩惱。而不在意，是是不爭之爭，無為之為，大智若愚，其樂無窮！

然而，不在意並不等於逃避人類社會現實，不是麻木不仁，也不是看破紅塵後的精神頹廢與消極遁世，不是對什麼都冷若冰霜、無動於衷的卡繆筆下的「局外人」。而是一種在奔往人生大目標路途中所採取的一種灑脫、豁達、飄逸的生活策略。人生當中所出現的事實在太多，但不能事事煩心。透視煩事，忘卻不幸，藐視挫折。我們一定要記住，睜開兩眼歷歷在目，閉上雙眸空無一物。要做到提得起放得下！如果能做到，你就自然會擁有一個幸福美好的人生。

每個人都希望自己的每一天都能夠過得開開心心、順順利利，可是既然是生活，就總會有那麼一些小波瀾、小浪花。在種種情況下，斤斤計較會讓自己的日子陰暗乏味，豁達胸襟卻能讓每天的生活充滿陽光。

接受你所不能改變的

有一天，康妮接到國防部的電報，說她的姪兒 ── 她最愛的一個人 ── 在戰場上失蹤了。

康妮一下子心驚膽顫，寢食難安。過了不久，又接到了姪兒的陣亡通知書。此時，她的心情無比悲傷。

在那件事發生以前，康妮一直覺得命運對自己很好。她說：「偉大的上帝賜幫我一分喜歡的工作，又讓我順利地撫養大了相依為命的姪兒。在我看來，姪兒代表著年輕人美好的一切。我覺得我以前的努力，現在都應該有很好的收穫……」

然而，一封電報，將她的整個世界都粉碎了。她覺得自己沒有活下去的意義了，她找不到繼續生存下去的藉口。她開始忽視自己的工作，忽視自己的朋友，她拋開了生活的一切，對這個世界既冷淡又怨恨。她甚至很多次想到要自殺，或用某種駭人的方式來報復這個世界。她感到衝動的魔鬼獰笑著向自己招手，而自己卻無法抗拒。

「為什麼我最愛的姪兒會死？為什麼這麼好的孩子 ── 還沒有開始他的人生就離開了這個世界？他為什麼死在戰場上！」她覺得自己沒有辦法接受這個事實。她悲傷過度，決定放棄工作，離開家鄉，把自己藏在眼淚和悔恨之中。就在她清理桌子準備辭職的時候，突然看到一封她已經忘了的信 ── 一封她的姪兒生前寄來的信，當時，他的母親剛剛

去世。姪兒在信上說：「當然，我們都會想念她的，尤其是妳。不過我知道妳會平靜度過的，以妳個人對人生的看法，就能讓妳堅強起來。我永遠不會忘記那些妳教給我的美麗的真理。不論我在哪裡生活，不論我們分離得多麼遙遠，我永遠都會記得妳的教導，妳教我要微笑面對生活，要當一個成熟的人，要承受一切發生的事情。」

康妮把那封信讀了一遍又一遍，覺得姪兒就在自己的身邊，正在向自己說話。他好像在對自己說：「妳為什麼不照妳教給我的方法去做呢？堅持下去，不論發生什麼事情，都要繼續生活下去。」姪兒的信給了康妮莫大的鼓舞，她覺得人生又充滿了希望，她又回去工作了。她不再對人冷淡無禮。她一再對自己說：「事情到了這個地步，我沒有能力改變它，不過我能夠像他所希望的那樣繼續活下去。」

康妮把所有的心思和精力都用在工作上，她寫信給前方士兵——給別人的兒子們；晚上，她參加成人教育班——努力找出新的興趣，結交新的朋友。她幾乎不敢相信發生在自己身上的種種變化。她說：「我不再為已經過去的那些事悲傷，現在我每天的生活都充滿了快樂——就像我的姪兒要我做到的那樣。」

康妮學到了我們所有人遲早都要學到的東西，也就是我們必須深知「失之坦然」的道理。很顯然，環境本身並不能

使我們快樂或是不快樂，我們對周圍環境的反應才決定了我們的感覺。

你能像康妮那樣走出來嗎？如果不能，你應該試著轉變一下觀念，記住：

> 你改變不了環境，但你可以改變自己；
> 你改變不了事實，但你可以改變態度；
> 你改變不了過去，但你可以改變現實；
> 你不能控制別人，但你可以掌握自己；
> 你不能預知明天，但你可以把握今天；
> 你不能樣樣順利，但你可以事事盡心；
> 你不能左右天氣，但你可以改變心情；
> 你不能選擇容貌，但你可以展現笑容；
> 你不能決定生死，但你可以提高人生境界。

找一個裝「多餘」的口袋

人的一生會擁有無數的東西，親情、愛情、友情……當我們承載得太多時，不妨找一個裝「多餘」的口袋，把那些暫時無法承載的裝進去，讓自己輕鬆地繼續前行。

丈夫過三十歲生日的那天，她精心為他做了一頓飯。一頓飯對別人來說也許算不了什麼，但對於很久不曾下廚的她來說，看著自己花費整整一個下午的寶貴時間精心做出來的「作品」，連自己都有所觸動。

燭光下，守著自己的傑作，想像著他回來時的興奮表情。

找一個裝「多餘」的口袋

　　六點的時候，他回來了，只看了一眼她為他精心準備的「作品」，露出了一絲疲憊的微笑，就忙著接電話去了。她甜蜜的感覺頓時大打折扣，整個晚上心情就像昏暗的燭光，再也亮不起來了。

　　心情不好的時候，她總是上街購物。第二天是週日，她把丈夫一個人丟在家，自己和朋友去逛街了。

　　她們挽著手臂，不放過任何一家服飾店。她買了好多衣服，但她的朋友一樣也沒買。朋友想買一條有口袋的裙子，可是她們從頭逛到尾也沒找到適合的。

　　她有些不解地問：「為什麼一定要有口袋的裙子呢？又裝不了什麼。」

　　「但是可以放手啊！妳不覺得有時候會感到手是多餘的嗎？」朋友一邊說一邊把放在口袋裡的手伸出來又放進去，重複著動作給她看。

　　生命中無足重要的、可以抓取許多重量的手現在竟成了多餘的！還有一些時候，我們也感覺到了自己的手多餘。當我們站在眾人面前講話，或者在路上遇到熟人寒暄，或者和心愛的人依偎漫步，我們真的感覺到有一隻手是多餘的，無處安放。於是，小時候用來裝糖果、玩具的口袋現在用來放手了。

　　就在這一瞬間她突然明白：原來我們一直以為很重要的東西在有些時候也會顯得微不足道，甚至感到多餘！就如同

多餘的手一樣，只有你自己知道是多餘的，而這樣的多餘其實也是人生的一個部分，因為你無法預料它何時是珍貴的，何時是多餘的，只要你能夠找一個地方安放，你就能自我安慰、自我鼓勵。

人生不能沒有嚴肅，也不會總是輕鬆，但如果沒有看起來暫時是多餘的，便構不成完整的人生。

就像愛，還有由愛帶來的快樂和痛苦，幸福和悲傷。

愛固然很重要，但是不應該重要到可以毫無緣由地讓別人來全部承受，這樣的負擔會讓人感覺到愛是如此沉重。快樂與痛苦，幸福與悲傷，都是你自己的，你的心境、你的感受、你的想像不可能完整地與人分享，能夠分享的也只是其中的一部分，多出來的部分你要找一個心靈的口袋，暫時安放、收藏。這是善待別人，也是善待自己。

常做心靈的「大掃除」

家鄉有年前大掃除的風俗，在將平時的東西逐一清理時，我們常常驚訝自己在過去短短幾年內，竟然累積了那麼多的東西！

人心又何嘗不是如此？在人的心中，每個人不都是在不斷累積東西？這些東西包括你的名譽、地位、財富、親情、人際、健康、知識等。當然也包括了煩惱、鬱悶、挫折、沮

喪、壓力等。這些東西，有的早該丟棄而未丟棄，有的則是早該珍藏而未珍藏。心靈如一艘小舟，載不動太多的東西。否則，小舟翻覆，人迷失了，也就做出一些不該做的事。

不妨問自己一個問題：我是不是太過忙碌，把自己弄得疲憊不堪，以至於總是沒能好好靜下來，替自己的心靈做打掃工作？

對那些會拖累自己的東西，必須立刻放棄 —— 這是心靈大掃除的意義，就好像是商人的「盤點庫存」。你總要了解倉庫裡還有什麼，某些貨物如果不能限期銷售出去，最後很可能會因積壓過多而拖垮你的生意。

很多人都喜歡房子清掃過後煥然一新的感覺。你在擦拭掉門窗上的塵埃與地面上的污垢，整理乾淨之後，整個人就好像突然得到一種釋放。這是一種「成就感」，雖然它很小，但能幫人帶來愉悅。

在人生諸多關卡上，人們幾乎隨時隨地都得做「掃除」。念書、出國、就業、結婚、離婚、生子、換工作、退休……每一次轉折，都迫使我們不得不「丟掉舊的自己，接納新的自己」，把自己重新「打掃一遍」。

不過，有時候某些因素也會阻礙人們放手進行「掃除」，譬如太忙、太累，或者擔心掃完之後，必須面對一個未知的開始，而你又不能確定哪些是你想要的。萬一現在丟

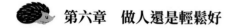

掉的，將來需要時撿不回來又該怎麼辦？

　　的確，心靈清掃原本就是一種掙扎與奮鬥的過程。不過，你可以告訴自己：每一次清掃，並不表示這就是最後一次，而且，沒有人規定你必須一次全部掃乾淨，你可以每次掃一點，但你至少必須立刻丟棄那些會拖累你的東西。

　　我們的心靈畢竟無法做到「菩提本無樹，明鏡亦非臺」的佛家最高境界，但我們可以做到「時時勤拂拭，毋使染塵埃」！

第七章
當你遭受不公平待遇的時候

「一味愚蠢地強求始終公平,是心胸狹隘者的弊病之一。」── 愛默生

「生活是不公平的,而所謂的公平,則是把一切看得到的不公平掩埋起來。」── 塞內卡

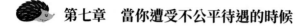

　　為什麼晉升的是他而不是我？為什麼我對你這麼好你卻要那樣對待我？為什麼為什麼為什麼……「這不公平！」──不少人在遭受不公平待遇待遇的時候，都會怒氣沖沖。在強烈怒氣的支配下，人最容易失去理智而衝動，做出一些連自己也會後悔的出格事情來。

　　誰會願意遭受不公平待遇呢？但人世間的紛紛擾擾，又豈是「公平」二字能規範得了的？生不公平，有人生於富貴人家，有人生於白屋寒門；死不公平，有人英年早逝，有人壽比南山。生與死都不公平，我們又拿什麼來要求處於生死之間的人生旅程中事事公平？

　　看了上面的話，也許有人很沮喪：難道人世間就沒有了公平嗎？不是的，人世間不僅有公平而且在絕大多數情況下是公平的。正是因為有了公平的存在，我們才能看到不公平；也正因為公平存在於大多數情況之中，不公平才會如此刺眼。

　　值得注意的是，公平需要放在一個較長的時間軸去看。唐僧師徒過了九九八十一難才取回真經，如果只過了八八六十四難，付出是付出了，但依然是沒有回報的。社會是公平的，但我們不可能任何時候、任何地點、任何事情都強求絕對的公平。山有高有低，水有深有淺。這個世界，不存在絕對的公平。如果我們事事要求公平，必然會陷入憤怒與過激之中。愛默生說：「一味愚蠢地強求始終公平，是心

胸狹隘者的弊病之一。」

　　付出一定會有回報嗎？

　　有道是「一分耕耘一分收穫」，或云「世間自有公道，付出總有回報」，但是真正的現實生活中是這樣的嗎？

　　不是每一朵花都能有結出飽滿的果實；不是每一滴汗水都能帶來歡笑；不是每一分付出，都有回報。或許更多的時候，我們的付出沒有什麼回報，一切付出終於只是「付諸東流」。當你總是用真誠去關心、了解別人時，收到的卻是冷漠；當你做什麼都總是為別人著想時，別人卻認為這是理所當然的事……

　　付出沒有回報的原因有很多。原因之一是你的付出投錯了地方，就像你想要從死海中釣一尾虹鱒魚一樣，怎樣的努力都是白搭。你不改變策略，你的付出就注定會虛擲。世界萬物的運動都是有規律的。人們不管做什麼事情，都要尊重客觀世界的規律，遵循客觀世界的規律。凡是違背客觀世界規律的事，不管付出多少，最後的結局必然是失敗，而且付出越多失敗得越慘。

　　此外，就算你將努力與付出用對了地方，也不見得一定有回報。三月播種四月插秧，農民年年忙碌在田間地頭，但一場突如其來的暴雨就足以讓他們顆粒無收，甚至是無家可歸，還提什麼回報啊！

第七章　當你遭受不公平待遇的時候

　　不是所有的春華都會有秋實，不是全部的付出都有回報。不要再執著於「付出總有回報」之中，否則一旦付出之後沒有回報，便會心有不平，大發牢騷，怨天尤人，詛咒老天不公。人在這種心態與情緒之中，最容易走向極端。

　　儘管付出不一定有回報，但這絕不能成為我們懶惰頹廢的藉口。因為：不付出就一定沒有回報。有則笑話是這樣的：一個人整天拜著菩薩，請求菩薩保佑他買樂透中大獎。可是他拜了很多次菩薩，願望還是沒有實現。這個人終於氣憤地質問菩薩為什麼不保佑自己。菩薩說：「我也想幫你一次，但你也得先買樂透，我才能讓你中獎啊！」

　　透著幾分荒唐的笑話，其實也說明了一個道理：不付出就一定沒有回報！

　　既然付出不一定有回報，而不付出一定沒有回報，我們當然只有選擇付出了。只是，在付出沒有得到回報的時候，不要過於生氣，要冷靜地想一想原因。事實上，「付出沒有回報」很多時候只是一個表象，有些回報是無形的。當你試過了N種方法都行不通，你在第N＋1次時極有可能就這樣成功了。

　　如果你對於付出與回報之間的關係能夠清楚了解，那麼在付出很多依然沒有得到自己想要的東西時，也就不會有那麼多的不平，也就不會輕易滋生出衝動。

不追求絕對的公平

我們生活在一個社會之中，一個社會必須有合理的法律、規則與道德標準等來約束成員彼此，以維持一個良好的社會秩序。在我們的生活中，大家都習慣於時時尋求公道與正義，一旦感到失去了公正，他們就會憤怒、憂慮或者失望，並因此而產生報復與反擊的衝動。

人們常說「世間自有公道在」，但現實的結果是，尋求絕對的公道就像尋求長生不老一樣。我們周圍的世界 —— 不管是自然界還是人類 —— 本身不可能是一個完全公平的世界。鳥吃蟲子，這對於蟲子來說是不公正的；蜘蛛吃蒼蠅，對於蒼蠅來說也是不公正的。只要環顧一下大自然，就不難看出，世界上很多現實是無法用公道衡量的，龍捲風、洪水、海嘯和乾旱都是不公道的。倘若人們強求世上任何事物都得公平合理，那麼所有生物連一天都無法生存 —— 鳥兒就不能吃蟲子，蟲子就不能吃樹葉，世界就得照顧到萬物各自的利益。所以，我們尋求的完全公道只不過是一種海市蜃樓罷了。整個世界以及世界上的每個人都會遇到各種各樣的不公道。面對這些不公道，你可以高興，可以怨恨，可以消極視之……但那些「不公道」的現象依然會永遠存在下去。

這裡，我們提出的並不是什麼哲學，而是對客觀世界的一種真實描述。絕對的公道是一個脫離現實的概念，當人們

追求自己的幸福時尤其如此。然而有許多人問，難道生活中就不存在任何正義感了嗎？他們常常會說：

「這是不公平的。」
「如果我不能這樣做，你也沒有權利這樣做。」
「我會這樣對待你嗎？」
……

人們渴求公道，但一旦他沒有得到公道，就會表現出不愉快。講求正義、尋求公道，這本身並不是一種錯誤的行為，但如果你一味地追求正義和公道，未能如願便消極處世，這就構成了誤區 —— 一種自我挫敗性行為。當然，這誤區並不是指尋求公道的行為本身，而是指因不公道的現實存在而使自己產生的一種惰性。

我們的社會提倡伸張正義、主持公道。政治家們在每一篇競選演講中都會慷慨陳詞：「讓每一個人都得到平等與公正的待遇。」然而，日復一日、年復一年、一個世紀又一個世紀，我們也無法消除世界上的不公正的現象。貧困、戰爭、瘟疫、犯罪、賣淫、吸毒和謀殺等各種社會弊病一代代地延續著，有些地區甚至還愈演愈烈。事實上，有史以來，這些現象就從未消失過。

不公道現象的存在是必然的，當你無法改變這一現實時，你可以努力改變自己，不讓自己因此而陷入一種惰性，

並可以用自己的智慧進行積極的鬥爭。首先爭取從精神上不為這種現象所壓垮，然後努力在現實中消除這現象。

在我們的生活與工作中，常常可以聽到有人如此發洩：「這簡直太不公平了！」—— 這是一種比較常見、但又十分消極的抱怨。當你感到某件事不太公平時，必然會把自己與另一個人或另一群人進行比較。你可能會想：

「既然他們能做，我也能做。」
「你比我得到的多，這就不公平。」
「我沒有那樣做，你為什麼可以那樣做？」
……

渴求公正的心理可能會展現在你與別人的關係中，妨礙你與別人的積極往來。不難看出，你是在根據別人的行為來衡量自己的得失。如果這樣，支配你情感的就是別人，而不是你自己了。如果你未能做別人所做的事情，並因此而煩惱，你就是在讓別人擺布你。每當你把自己與別人進行比較時，你就是在玩「不公平」的遊戲，這樣你採取的就是著眼於別人的思考方法。

強求公正是一種注重外部環境的表現，也是一種避而不管自己生活的辦法。你可以確定自己的切實目標，著手為實現這一目標採取具體行動，不必顧忌不公平的現象，也無須考慮其他人的行為和思想。事實上，人與人之間總會存在一

123

定的差異。別人的境遇如果比你好，那你無論怎麼抱怨也不會改變自己的境遇。你應該避免總是提及別人，不要總是拿望遠鏡瞄準別人。有些人工作不多，薪水卻很高；有些人能力不如你強，卻因緣際會而升遷；不管你怎麼不願意，你的妻子和孩子依然會以不同於你的方式行事。然而，只要你將注意力放在自己身上，不去與別人比來比去，你就不會因周圍的不平等現象而煩惱。各種存在誤區的行為都有一個相同的心理根源 —— 他們把別人的行為看得更加重要。如果你總是說「他能做，我也可以做」，那你就是在根據別人的標準生活，你永遠不可能開創自己的生活。

在現實生活中，我們都可以明顯地看到一些「渴求平等」的行為。你只要稍加觀察，就會發現自己和別人身上存在許多這種行為的縮影。下面是一些較為常見的例子：

抱怨別人與你做得一樣多，但薪水卻拿得比你多。

認為那些演藝人員的收入太高，這實在不公平，並因此感到惱火。

認為別人做了違法亂紀的事時總是可以逍遙法外，而你卻一次也溜不掉，因此感到十分不平。

總是說：「我會這樣對待你嗎？」其實就是希望別人都和你一模一樣。

總要報答別人的友善行為。你要是請我吃飯，我也應該

回請你，或者至少送你一瓶酒。人們常常認為這樣做才是懂禮貌、有教養。然而，這實際上僅僅是保持公平對待的一種做法。

在愛人對你表示親熱之後，總要回吻，要不就是說「我也愛你」，而不會自己選擇表達感情的時間、方式和場所。這說明在你看來，接受了別人的親吻或「我愛你」而沒有相應的表示，就是不公平的。

即使自己不願意，也會出於義務去做，因為沒有展現合作精神就太不近情理。這樣，你就不是根據自己在具體情況下的意願，而是根據公平對等的原則而生活。

對任何事情都要求前後一致，始終如一。愛默生曾說過這樣一句話：「一味愚蠢地要求始終如一，是心胸狹隘者的弊病之一。」倘若你堅持始終如一地以「正確」方式做事，就很可能屬於心胸狹隘的一類人。

在爭論時，非要辯出個明確的結論：勝利的一方就是正確的，失敗的一方則應該承認錯誤。

以「不公平」的論據來達到自己的目的。「你昨晚出去了，今晚讓我等在家裡就太不公平了。」要是對方不接受你的意見，就憤憤不平。

做自己本不願意做的事情（如帶孩子上街玩、週末去父母那裡或幫鄰居幫忙），因為你擔心不這樣做會對孩子、父

母或鄰居太不公平了。其實，不要將一切問題都歸罪於不公平的現象。應該客觀地考慮一下你為什麼不能根據自己的情況做出適當的決定。

認為「如果他能這樣做，我也可以這樣做」，用別人的行為來為自己辯解。你可能用這種存在誤區的理由解釋自己作弊、偷竊、欺詐、遲到等不符合你的價值觀念的行為。例如，在公路上開車時，一輛車把你擠到了路邊，你也要去擠他一下；一個開慢車的人在前面擋了你的路，你也要趕上去擋他一下；迎面來車開著大燈閃到你的眼，你也要打開自己的大燈。實際上，你是因為別人違反了你的公正觀念，而拿自己的性命賭氣。這就是在孩子們中間常常出現的「他打了我，所以我要打他」的做法，而孩子們則是在多次見到父母的類似行為之後才學會這樣做的。這種「以眼還眼、以牙還牙」的報復做法如果擴大到國家關係上，就會導致戰爭。

每每收到禮品，都要回贈對方一件價值相當的東西，甚至加倍報答。堅持在各方面與別人保持對等，而不考慮自己的具體情況。「事物畢竟應該是公平對待的。」

以上就是我們在「公正」之路上可以見到的一些具體情形。在這裡，你與身邊的人都多少會受到一些撼動，因為你們腦中有一種完全不現實的概念：一切都必須是公平合理的。

如何面對汙衊與詆毀

身處社會之中，偶爾莫名其妙地挨兩巴掌是難免的事，但是，挨了巴掌之後，要怎麼反應，就是一門你我都需要學習的學問了。

《婆羅館清言》中有一段睿智的話，意思是：「一個人要實現自己的理想，要找到真理，縱然歷經千難萬險，也不要後退。奮鬥的過程中，要用堅強的意志來支撐自己，忍受一切可能遇到的屈辱，只要堅持下去，就能取得成功。艱難羞辱不但損害不了你人格的完整，還會使人們真正了解你人格的偉大。重要的是，在遭遇苦難侮辱時，把這一切都拋諸腦後，得到一份清爽的心情。」

這段話告誡我們，當面臨惡意詆毀時，你的態度應該是置之不理。

有些人對那些無中生有的汙衊表現得異常激憤，反唇相譏甚至大打出手，其實那都是沒有必要的。如果換一種角度來看，那些遭人詆毀的人反倒應該覺得慶倖，因為正是你極具重要性，別人才會去關注、去議論、去汙衊。所以不要理會這些無聊的人，事實自會讓流言不攻自破。

美國曾有一位年輕人，出身貧賤，依靠自己的努力，在三十歲時當上了全美有名的芝加哥大學的校長。這時各種攻擊落到他的頭上。有人對他的父親說：「看到報紙對你兒子

的批評了嗎？真令人震驚。」他父親說：「我看見了，真是尖酸刻薄。但請記住，沒有人會踢一隻死狗的。」

美國著名教育家卡內基很讚美這句話，他說：「沒錯，而且越是具有重要性的『狗』，人們踢起來越感到心滿意足。」所以，當別人踢你、惡意地詆毀你時，那是因為他們想藉此來提高自己的重要性。當你遭到詆毀時，通常意味著你已經獲得成功，並且深受別人注意。

詆毀、汙衊與攻擊通常是變相的恭維，因為沒有人會踢一隻死狗。只有掛滿果實的樹才會招來石塊，也是這個道理。

美國獨立運動的奠基者、美國第一任總統華盛頓，也曾被人罵為「偽善者」、「騙子」、「比殺人兇手稍微好一點的人」。對於這些汙衊，華盛頓毫不在意，事實證明他是美國歷史上最具影響力的人物。

一個人若想堅持真理，想比別人做得更好一些時，遭到某些人的惡意攻擊是不可避免的。對這一點，我們在思想上要有足夠的準備，我們不能避免這種攻擊，但我們能避免這種攻擊干擾我們的心態。

一次法國作家小仲馬的一個朋友對他說：「我在外面聽到許多不利於你父親大仲馬的傳言。」

小仲馬擺出一副無所謂的樣子回答：「這種事情不必去管它。我的父親很偉大，就像是一條波濤洶湧的大江。你想想

看，如果有人對著江水小便，那根本無傷大雅，不是嗎？」

聽到別人的流言蜚語，再三客觀地分析、判斷之後，只要認為自己的做法合理。站得住腳，那麼大可以堅持到底，不必理會。

美國前總統羅斯福的夫人愛蓮娜曾受到許多批評，但她都能夠泰然處之。她說：「避免別人攻擊的唯一方法就是，你得像一件有價值且精美的瓷器，有風度地靜立在架子上。」

冤家宜解不宜結

一位婦人與鄰居發生了糾紛，鄰居為了報復她，趁黑夜偷偷地放了一個葬禮花圈在她家的門前。

第二天清晨，當婦人打開房門的時候，她震驚了。她並不是感到氣憤，而是感到仇恨的可怕。是啊，多麼可怕的仇恨，它竟然衍生出如此惡毒的詛咒，竟然想置人於死地而後快！婦人在深思之後，決定用寬恕去化解仇恨。

於是，她拿著家裡種的一盆漂亮的花，也是趁黑夜放在了鄰居家的門口。清晨鄰居打開房門，一縷清香撲面而來，婦人正站在自家門前向她善意地微笑著，鄰居也笑了。

一場糾紛就這樣煙消雲散了，她們和好如初。

冤冤相報何時了？寬容別人，除了不讓別人的過錯來折

磨自己外，還處處顯示著你的質樸、你的堅實、你的大度、你的風采。那麼，你將永遠擁有好心情。只有寬容才能癒合不愉快的創傷，只有寬容才能消除一些人為的緊張。學會寬容，意味著你不會再心存芥蒂，從而擁有一分流暢、一分瀟灑。

在生活中我們難免會與人發生摩擦和矛盾，其實這些並不可怕，可怕的是我們常常不肯去化解它，而是讓摩擦和矛盾越積越深，甚至不惜彼此傷害，使事情發展到不可收拾的地步。

用寬容的心去體諒別人，把微笑真誠地寫在臉上，其實也是在善待自己。當我們以平實真摯的心去寬待別人時，心與心之間便架起了相互溝通的橋梁，這樣我們也會獲得寬待，獲得快樂。

人在社會上行走，難免與別人產生摩擦、誤會甚至仇恨，但別忘了寬容以對，那樣你就會少一分阻礙，多一分成功的機遇。否則，你將會永遠被擋在通往成功的道路上，直至被打倒。

《百喻經》中有一則故事：

有一個人心中總是很不快樂，因為他非常仇恨另外一個人，所以每天都以嗔怒的心，想盡辦法欲置對方於死地。

為了一解心頭之恨，他向巫師請教：「大師，怎樣才能

化解我的心頭之恨？如果催符念咒可以損害仇恨的人，我願意不惜一切代價學會它！」

巫師告訴他：「這個咒語會很靈，你想要傷害什麼人，念著它你就可以傷到他；但是在傷害別人之前，首先傷到的是你自己。你還願意學嗎？」

儘管巫師這麼說，一腔仇恨的他還是十分樂意，他說：「只要對方能受盡折磨，不管我受到什麼報應該都沒有關係，大不了大家同歸於盡！」

為了傷害別人，不惜先傷害自己，這是怎樣的愚蠢？然而現實生活中，這樣的仇恨天天在上演，隨處可見這種「此恨綿綿無絕期」的自縛心結。仇恨就像債務一樣，你恨別人時，就等於自己欠下了一筆債；如果心裡的仇恨越多，活在這世上的你就永遠不會再有快樂的一天。

「冤家宜解不宜結。」只有發自內心的慈悲，才能徹底解除冤結，這是脫離仇恨煉獄最有效的方法。

以下是一九四四年蘇聯婦女們對待德國戰俘的場景。

這些婦女中的每一個人都是戰爭的受害者，是父親、丈夫、兄弟或是兒子在戰爭中被德軍殺害的遺族。

戰爭結束後押送德國戰俘，蘇聯士兵和員警們竭盡全力阻擋著她們，生怕她們控制不住自己的衝動，找這些戰俘報仇。然而，當一個老婦人把一塊黑麵包不好意思地塞到一個

疲憊不堪的、勉強支撐住兩條腿的俘虜的口袋裡時，整個氣氛改變了，婦女們從四面八方一齊擁向俘虜，把麵包、香菸等各種東西塞給這些戰俘……

轉述這個故事的詩人說了一句令人深思的話：「這些人已經不是敵人了，這些人已經是人了……」

這句話道出了人類面對苦難時所能表現出來的最善良、最偉大的生命關懷與慈悲，這些已經讓人們遠遠超越了仇恨的煉獄。

如果一個人心中時時懷著仇恨，這仇恨就會一次次地放大，一次次地膨脹，總有一天它會隱藏你內心的澄明，攪亂你步履的穩健。所以，請記住這個原則：相信上帝的人應該當在生活中展現他們的信仰，而不信上帝的人則應該本著愛與正義的原則而活著。只有這樣，我們才能遠離仇恨、超越仇恨！

退一步海闊天空

記得這是一位外國學者的話，意思是說：「會生活的人，並不一味地爭強好勝，在必要的時候，寧可後退一步，做出必要的自我犧牲。」

歷史上有許多這樣的例證。

清河人胡常和汝南人翟方進在一起研究經書。胡常先做了官，但名譽不如翟方進好，在心裡總是嫉妒翟方進的才

能，和別人議論時，總是不說翟方進的好話。翟方進聽說了
這事，就想出了一個應付的辦法。

胡常時常召集門生，講解經書。一到這個時候，翟方進
就派自己的門生到他那裡去請教疑難問題，並一心一意、認
認真真地做筆記。一來二去，時間長了，胡常便明白了，這
是翟方進在有意地推崇自己，為此，心中十分不安。後來，
在官僚中間，他再也不去貶低翟方進，反而是讚揚了。

明朝正德年間，朱宸濠起兵反抗朝廷。王陽明率兵征
討，一舉擒獲朱宸濠，建了大功。當時受到正德皇帝寵信的
江彬十分嫉妒王陽明的功績，認為他奪走了自己大顯身手的
機會，於是，散布流言說：「最初王陽明和朱宸濠是同黨。
後來聽說朝廷派兵征討，才抓住朱宸濠以自我解脫。」想嫁禍
並抓住王陽明，當作自己的功勞。

在這種情況下，王陽明和張永商議：「如果退讓一步，
把擒拿朱宸濠的功勞讓出去，可以避免不必要的麻煩。假如
堅持下去，不做妥協，那江彬等人就要狗急跳牆，做出傷天
害理的勾當。」為此，他將朱宸濠交給張永，使之重新報告皇
帝：朱宸濠捉住了，是總督軍們的功勞。這樣，江彬等人便
沒有話說了。

王陽明稱病休養到淨慈寺。張永回到朝廷，大力稱頌王
陽明的忠誠和讓功避禍的高尚事蹟。皇帝明白了事情的始

第七章　當你遭受不公平待遇的時候

末，免除了對王陽明的處罰。王陽明以退讓之術，避免了飛來的橫禍。

如果說翟方進以退讓之術，轉化了一個敵人，那麼王陽明則依此保護了自身。

以退讓求得生存和發展，這裡蘊含了深刻的哲理。

老子曾說過：「無為而無不為。」意思是說，只有不做，才能無所不做，唯有不為，才能無所不為。

為了論證這個道理，老子進行了哲學的思辯：許多輻條集中到車轂，有了轂中間的空洞，才有車的作用；揉捏陶泥做器皿，有了器皿中間的空虛，才有器皿的作用；開鑿門窗造房屋，有了門窗中間的空隙，才有房屋的作用。所以，「有」所幫人的便利，完全靠著「無」發揮作用。

就是說，無比有更加重要。不僅是客觀世界的情況如此，人的行為也如此。人的「無為」比「有為」更有用，更能幫人帶來益處。一味地爭強好勝，「有為」過盛，最終只能落得個身敗名裂的下場。

當然，老子貶「有為」揚「無為」的做法，並非完全正確。就社會生活而言，積極奮鬥、努力爭取、勇敢打拚、堅持不懈的行為，其價值和意義，無疑是值得肯定的。但應該看到人生的路並不是一條筆直的大道，面對複雜多變的形勢，人們不僅需要慷慨陳詞，也需要沉默不語；既需要窮追

猛打，也需要退步自守；既應該爭，也應該讓。有為是必要的，無為也是必要的。就此而言，老子的無為思想，具有極其重要的意義。

然而，在人生的旅途中，應該什麼時候有為，什麼時候無為呢？無為和有為的選擇取決於主客或敵我雙方的力量對比。當主體力量明顯占優勢，居高臨下，以一當十，採取行動以後，可以取得顯著的效果時，應該有為。而當主體處在劣勢的位置上，稍一動作，就可能被對方「吃掉」，或者陷於更加被動的境地，那麼，便應該以退為進，堅守「無為」方是。無為只是一種權宜之計、人生手段，待時機成熟，成功條件已到，便可由無為轉為有為，由守轉為攻，這就是古人所說的屈伸之術。

為此，我們提醒那些想建功立業的人，在人生大道的某一個點上，只有退幾步，方能大踏步前進！

過分地忍讓並不可取

做人要「忍」，然而忍耐過分也並不可取。過分地忍，會幫我們帶來許多的不幸、麻煩、痛苦，甚至是恥辱；過分地忍，已經使不少老實人的骨骼中缺少了「鈣」的成分，忍到了不能再忍的程度；過分地忍，也使我們缺乏活力，缺乏向前闖的勇氣；過分地忍，也是造成歇斯底里的衝動的一個原因……

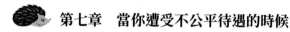

具體來說，過分地忍會產生什麼樣的結果呢？

第一，如果一個人只會過分地忍、一味地忍，那麼他就會變成一個缺乏個性的人。人需要自己的個性，需要自己的風格，只有這樣才能使自己的人生豐富多彩。對於那些忍到了極端的人來說，只是為忍而忍，將忍看作是一種目的，而不是一種手段。因此，只是逆來順受，只會壓抑自己，自己想說的話不能說，自己想做的事不能做，處處受到干涉和阻止，一點都不能施展自己。這樣的忍，是以犧牲自己的獨立人格和主體意識為代價的，因此，他們只能整天庸庸碌碌、無所作為地活著。這類人因為過於忍耐，缺乏鮮明的個性。

第二，如果一個人只會過分地忍、一味地忍，那麼，他們就很容易變成守舊、毫無進取心的庸人。唐代劉禹錫詩曰：「流水淘沙不暫停，前波未滅後波生。」人生只有不斷地進取才能獲得成功。如果人以忍作為進取的一種手段和智謀，還是可取的。然而，有些人的忍，並不是為實現正義而做的一時妥協，也不是為實現自己遠大的目標而做的暫時的撤退，只是對傳統的習慣勢力、落後勢力的無限制的妥協和退讓。這是懦弱的表現，所以膽小如鼠，俯首貼耳於惡勢力之下。有時明明是正義站在他這一邊，然而他還是一股腦地往後縮，越來越變得膽小怕事、守舊，越來越缺少奮鬥的勇氣與進取精神。

　　第三，如果一個人只會過分地忍、一味地忍，那麼，這種老實過頭的結果就會讓人變得越來越帶有奴性，越來越自卑。有的人為什麼只會忍？就是缺乏自信。太自卑，對別人就只能無條件地順從、服從。如果這種忍的時間一長，變成習慣之後，就會很快地轉換成一種奴性，印刻在他的行為之中，時時、事事都得依靠別人，變得離開別人就無法生存似的，甚至連他本人都不知道自己為什麼要在世上生活下去。由於自我的極度萎縮，這種人越來越心安理得地忍，倘若離開了別人，倘若別人不施加壓力來讓自己忍，甚至像是會感到世界末日將要來臨一樣。他會越來越缺乏獨立性，會越來越看不到自己的優點，越來越自卑。

　　第四，如果一個人只會過分地忍、一味地忍，那麼，對個人來說也只會帶來矛盾和痛苦。過分的忍，實際上是人對社會的一種消極適應方式，是將個人在人生中遇到的所有矛盾、問題都由自己默默地承受。這種人不會宣洩，不會透過其他方式去化解矛盾，只會一個人在夾縫中生活，只會一個人躲在角落裡偷偷地掉淚。結果就是矛盾越積越多，越積越深，也就越來越痛苦，既害了自己，又誤了別人。世界上本來有很多矛盾是屬於「一點即破」的，然而一到了那些能忍、會忍的人身上，就聽任矛盾累積起來。於是，本來不複雜的，變成了盤根錯節；本來很容易解決的，就變得很難辦

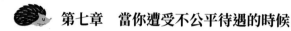

了。這類人，因為凡事過分地忍，其感情世界往往是最痛苦的，而且往往依靠個人的力量無法擺脫。

第五，一個過分忍讓的人，極可能轉變成一個極端衝動的人。這話乍聽上去似乎有點講不通，但世間的許多事物都是如此：太陰則陽，太陽則陰。一個過分忍讓的人，心中的怨憤與怒氣長年累積，猶如流水在攔河壩裡受阻而水位逐漸增高，高到一定程度，一旦內心的理智之堤不堪承受，就會讓怨憤和怒氣一洩而出。我們常常在新聞中看到一些這樣的案例：一個長年忍氣吞聲、逆來順受的人，居然拍案而起，操刀殺了欺侮自己的人。這種血淋淋的案例讓人不勝唏噓。

的確，如果忍讓深刻地烙上了保守、落後、安命不爭、平庸、易滿足、缺乏進取心、衰老退化、奴性、軟弱、過於自卑等痕跡時，那麼，這樣的忍耐就變了調，一定讓人難受、窩囊、痛苦……為何？因為這種忍耐太缺乏時代精神，太缺乏人的進取精神、主體意識，太缺乏人的骨氣，太缺乏人的生存意義和價值了。

前面我們強調了做人要忍，現在又說不要過分地忍，那麼它們之間的程度到底如何掌握呢？我們不妨先看兩則小故事。

一位作家剛完成一本書，正陶醉在人們的讚美聲中，另一個作家對他有些嫉妒，跑去對他說：「我很喜歡你這本書，

是誰替你寫的？」作家回敬道：「我很高興你喜歡，是誰替你讀的？」

你不仁，就別怪我不義；你傷我的面子，我也讓你下不了臺。對於尖酸刻薄、嘴上無德的人，我們不妨以其人之道，治其人之身。

有一個常以愚弄別人而自得的人，名叫湯姆。這天早晨，他正在門口吃著麵包，忽然看見傑克森騎著毛驢哼著歌走了過來，於是他就喊：「喂，吃塊麵包吧！」

傑克森連忙從驢背上跳下來，說：「謝謝您的好意。我已經吃過早飯了。」

湯姆一本正經地說：「我沒問你呀，我問的是毛驢。」說完，得意地一笑。

傑克森以禮相待，卻反遭一頓侮辱，是可忍孰不可忍？他非常氣憤，可是難以責罵這個無賴。那樣無賴會說：「我和毛驢說話，誰叫你插嘴來著？」

經過這麼一想，傑克森猛然地轉過身子，照準毛驢臉上「啪、啪」就是兩巴掌，罵道：「出門時我問你城裡有沒有朋友，你斬釘截鐵地說沒有，沒有朋友為什麼人家會請你吃麵包呢？」

對準驢屁股，又是兩鞭，說：「看你以後還敢不敢胡說？」

說完，翻身上驢，揚長而去。

傑克森的反擊相當強。既然你以你和毛驢說話的假設來侮辱我，我就姑且承認你的假設，借教訓毛驢，來嘲弄你自己建立的和毛驢的「朋友」關係，就這樣給了這無賴一頓教訓。

反擊無理取鬧的行為，不宜鋒芒太露。有時，旁敲側擊，指桑罵槐，反而更見力量。這使對方沒有辮子可抓，只得打落牙齒和血吞，在心中暗暗叫苦。

職場的水有多深

我們常常會看到這樣一些現象：沒有能力的人身居高位，有能力的人懷才不遇；做事做得少或者不做事的人，拿的薪水比做事做得多的人還要高；同樣的一件事情，你做好了，老闆不但不稱讚，還要對你雞蛋裡挑骨頭，而另外一個人把事情搞砸了，還得到老闆的誇讚和鼓勵……諸如此類的事情，我們看了就生氣，會忿忿不平地說：「這簡直太不公平了！」

公平，這是一個很讓我們受傷的詞語，因為我們每個人都會覺得自己在受著不公平的待遇。事實上，這個世界上沒有絕對的公平，你越想尋求百分百的公平，你就會越覺得別人對自己不公平。

美國心理學家亞當斯提出一個「公平理論」，認為勞工的工作動機不僅受自己所得的絕對報酬的影響，而且還受相對報酬的影響，人們會自覺或不自覺地把自己付出的勞動與所得報酬同別人相比較，如果覺得不合理，就會產生不公平感，導致心理不平衡。

還沒有進入職場之前，還在校園裡「做夢」的時候，我們以為這個世界一切都是公平的。不是嗎？我們可以大膽地駁斥學校裡的一些不合理的制度，如果老師有什麼不對的地方我們可以直接提出來，根本不用害怕什麼。在別人眼裡，你是「有個性」和「有氣魄」的人。但是，進入職場之後，「人人平等」變成了下級和上級之間不可逾越的界限，「言論自由」變成了沒有任何藉口。如果你動不動就對公司的制度提出質疑，或者動不動就和老闆理論，到頭來往往是搬起石頭砸自己的腳。

小玫原以為外企公司的人各個精明能幹。誰知道，自己在公司裡工作了一段時間，才發現不過如此：前臺祕書整天忙著搞時裝秀；銷售部的小張天天晚來早走，三個月了也沒看過他拿回一張訂單；還有會計員小燕，簡直就是冗員，每天的工作只是統計員工的午餐錢。

那天，她去找總務王姐領取文具，小張陪著小燕也來領。恰巧就剩下最後一個資料夾，小玫笑著搶過說：「先來

先得。」小燕就不爽了，說：「妳剛來，哪有那麼多的檔案要放？」小玫不服氣：「妳有？每天做一張報表就什麼也不做了，妳又有什麼檔案要放？」一聽這話，小燕立即氣紅了臉，王姐連忙打圓場，從小玫懷裡搶過資料夾，遞給了小燕。

小玫氣呼呼地回到座位上，小張端著一杯茶悠閒地走進來：「怎麼了，有什麼不服氣的？我要是告訴你，小燕她舅舅每年給我們公司五百萬的生意，妳……」然後，打著呵欠走了。

下午，王姐幫小玫送來一個新的資料夾，一直向小玫道歉，她說她得罪不起小燕，那是老闆眼裡的紅人；也不敢得罪小張，因為他人脈廣，不少部門都得請他幫忙呢，況且人家每年都能拿回一兩張大訂單。

老闆不是傻瓜，絕不會平白無故地讓人白領薪水，那些看似遊手好閒的平庸同事，關鍵時刻，老闆還需要他們往前衝呢。所以，千萬別和他們過不去。

對於職場上種種不公平的現象，不管你喜不喜歡，都是必須接受的現實，而且最好主動地去適應這種現實。追求公平是人類的一種理想，但正因為它是一種理想而不是現實，所以身為職場新人，你除了適應別無選擇。不管你在學校成績多麼優秀，才華多麼洋溢，當你離開學校進入職場之後，你與其他的人並沒有什麼兩樣，只是一個普通的新人而已。

一味追求公平往往不會有好結果，有時候，你所知道的表象，不一定能成為你申訴的證據或理由，對此你不必憤憤不平，等你深入了解公司的運作文化，慢慢熟悉老闆的行事風格後，也就能夠見怪不怪了。

上司暗中為難該怎麼辦

在工作中，出於某些原因得罪了自己的上司是常見的事。有些上司往往會由此而在某些事情上為難下屬，這無疑是一件讓人難受的事情。在這種情況下，我們該採取什麼樣的態度呢？如果盲目地與上司大吵大鬧一番，雖然會出一時之氣，但可能會對你的未來造成隱患。如果忍氣吞聲，別人就會不把你當一回事。因此，必須採取積極的方式應對。

首先應該弄清楚上司的做法是否真是在為難你。有時，自己與上司意見分歧，便總是把上司對自己的某些態度和做法往壞處想，從而採取不明智的舉動。實際上，很多時候，你認為上司對你懷有惡意只是一種錯覺。

接下來應該找出上司這麼做的理由。有時上司的確是在暗中為難，但是，他的做法往往是有理有據、無可指責的。在這種情況下，你很可能找不出什麼理由跟他吵。即使你去鬧，他也完全可以用冠冕堂皇的話來打發你，甚至批評你無理取鬧。所以，在這種情況下，不如乾脆忍著。

如果你的確有證據表明上司為難你，而且，他的做法也表現得十分明顯，在這種情況下，你可以與他理論一番。你不妨先私下找他談一次，表明自己的態度和想法，希望其能夠有所調整、改正，並充分地闡述自己的理由。

如果你上述的努力都不奏效，不要氣餒，看有沒有調換到別的工作職位的機會。如果沒有，而你又不能忍受這種日子，那就只能搜集證據，越級申訴了。在這樣做的時候，你要做好被辭退的心理準備。

切記不要意氣用事，要有理有據。

婚戀的字典裡沒有公平

一位年輕貌美的少婦曾向人們訴說自己五年不愉快的婚姻生活。她的丈夫是保險公司的員工，因為一句話惹她生氣，她便大發雷霆地說道：「你怎麼可以這樣說，我可是從來沒有向你說過這樣的話。」當他們提到孩子時，這位少婦說：「那不公平，我從不在吵架時提到孩子。」、「你整天不在家，我卻得和孩子看家。」……她在婚姻生活中處處要公平，難怪她的日子過得不愉快，整天都讓公平與不公平的問題煩擾自己，卻從不反省自己，或者設法改變這種不切實際的要求。如果她對此多加考慮的話，相信她的婚姻生活會大大改觀。

　　還有一位夫人，她的丈夫有了外遇，使她感到萬分傷心，並且不明白為什麼會這樣。她不斷地問自己「我到底有什麼錯？我哪一點配不上他？」她認為丈夫對她不忠實在是太不公平。終於，她也效仿自己的丈夫有了外遇，並且認為這種報復手段可謂公平。但是，她的精神痛苦並未減輕。

　　在婚姻生活中，要求公平是把注意力放在外界，是不肯對自己生活負責的態度，採取這個態度會妨礙你的選擇。你應該決定自己的選擇，不要顧忌別人。與其抱怨對方，你不如積極地糾正自己的觀點，把注意力由配偶轉向自身，捨去「他能那麼做，我為什麼不能跟他一樣」的愚蠢想法，看看你自己怎樣做，才可能使自己的婚姻生活更幸福。

　　其實，無論愛情還是婚姻，都別計較什麼公平不公平。

　　「為什麼是我？」一位得知自己身患癌症的病人對大師哭訴，「我的事業才正要起步，孩子又還小，為什麼會在此時得這種病？」

　　大師說：「生命中似乎沒有任何人、任何時候適合發生任何不幸，不是嗎？」

　　「但是，她還那麼年輕，而且人又那麼善良，怎麼會這樣？」一旁陪她來的朋友不平地說。

　　「雨落在好人身上，也落在壞人身上。」大師說，「有些好人甚至比壞人淋更多的雨。」

「為什麼？」

「因為壞人偷走了好人的傘。」大師答道。

沒錯，人生本來就不公平。

如果世界上每件事都公平，為什麼有些人從小就是天才，有些人卻有生理上的缺陷？為什麼有人生下來就是富二代，有些人卻生在難民營？

如果世界上每件事都要公平，鳥兒不能吃蟲，老鷹也不能吃鳥，那麼生命將如何延續下去？

第八章
常常自省的人很少衝動

「見賢思齊焉，見不賢而內自省也。」 ── 孔子

「知人者智，自知者明。」 ── 老子

「吾日三省吾身：為人謀而不忠乎？與朋友交而不信乎？傳不習乎？」 ── 曾子

「內省不疚，何恤人言。」 ── 范曄

「我的確時時解剖別人，然而更多地是更無情地解剖我自己。」 ── 魯迅

第八章　常常自省的人很少衝動

有首情歌唱道：「都是你的錯，輕易愛上我」，又云：「我承認都是月亮惹的禍」，似乎愛情受到傷害都是「你」和「月亮」的錯。表達愛情的藝術形式與藝術手法各式各樣，特別是情歌，只要抒發了真情、打動了人，就是好情歌。情歌是感性的，而且似乎越感性越好。而生活是理性的，過度的感性容易讓人走入情感的陷阱。因此，處於失戀或不和諧愛情中的男女，在唱情歌的同時，若真正將不和諧的「罪過」統統歸結在外部原所以不懂得反思自省，那麼災難將會擴大，將會繼續。

「以銅為鏡，可以正衣冠；以人為鏡，可以明得失；以古為鏡，可以知興衰。」人生有了自省吾身，猶如有朗鏡懸空，能時刻從自省的鏡子中看清自己、檢討自己，進而修正自己。孔子自省吾身成聖人，釋迦牟尼自省吾身變佛祖。

不肯自省吾身之人行為乖張，處處傷人，最終傷己。項羽氣走亞父，不知自省吾身；趕走韓信，仍不知自省吾身。最終被困垓下，拔劍自刎於烏江河畔。「大風起兮雲飛揚」的豪情壯志，終於取代了「虞兮虞兮奈若何」的沉重嘆息。霸王之敗，後人哀之，倘若後人尚不知自省吾身，必使後人複哀後人矣。

自省到底在「省」什麼

《格言聯璧》中有云:「靜坐常思己過,閒談莫論人非。」上聯講嚴於律己,下聯講寬厚待人。意思是沉靜下來要常常自省自己的過失,進而以是克非、為善去惡;閒談的時候不議論別人的是非得失,這是儒家宣導的道德修養的重要方法。上聯語出《論語・衛靈公》:「躬自厚而薄責於人,則遠怨矣。」即是說多反省自己而少責備別人,怨恨就不會來了。韓愈則進一步闡釋:「古之君子,其責己也重以周,其待人也輕以約。重以周(嚴格而全面),故不怠;輕以約(寬大而簡略),故人樂為善。」下聯源出《文子・上義》:「自古及今,未有能全其行者也,故君子不責備於人。」也就是說人無完人,故有德行的人不責備於人。如何寬厚待人、不論人非呢?

「自省」是儒家思想非常重要的組成部分。儒家認為,自省是人達到「聖人」和「君子」道德、學識境界的一種手段。這種手段是一種涵養手段,具有自身的一些特性。儒家認為,自省是「修身之本」,是「中興之本」。儒家講求「內聖外王」,其思想內涵之一,是指自身的修養(「內聖」)是「外王」的前提,只有具備了良好的自身修養,才能完成治理國家的任務。在「格物」、「致知」、「誠意」、「正心」、「修身」、「齊家」、「治國」、「平天下」這「八

條目」當中，修身被看作是頭等大事。而修身之本則是「自反」，即自省。比如：「自反者，修身之本也。本得，則用無不利。」「以反求諸己為要法，以言人不善為至戒。」

在儒家的主張中，自省的內容是十分豐富、又是十分具體的，大致有如下一些方面：仁、義、禮、智、信、忠、恕、善和學識。如果對其進行概括，可以分為德性和學識兩方面。在辨察自己是否有違背德性和學識的言行時，應該以「聖賢所言」為依據和標準。

曾子曰：「吾日三省吾身：為人謀而不忠乎？與朋友交而不信乎？傳不習乎？」曾子是孔子的弟子，他擅於自省，每天多次自我反問：替別人辦事，是不是竭盡心力了呢？和朋友往來，是不是誠心實意呢？老師傳授的學問，是不是複習了呢？曾子認為，自省的主要內容是「忠」、「信」、「習」。

孟子認為，「君子」不同於尋常人的地方，就在於居心不同。「君子」居心在仁，居心在禮。他說，假定這裡有個人，他對我蠻橫無理，那「君子」一定會反躬自問，我一定不仁，一定無禮，不然，他怎麼會有這種態度呢？反躬自問以後，我不存在非禮非仁的言行，那人仍然如此蠻橫無理，「君子」一定又反躬自問：難道是我不忠？反躬自問以後，我也實在是忠心耿耿，那人仍然蠻橫無理，「君子」就會說：

這個人不過是一個狂人罷了，既然這樣，那與禽獸有什麼區別呢？對於禽獸又該責備什麼呢？於是，我仍然不必為此動氣。在這裡，孟子認為，反省的內容應該是「仁」和「禮」。

孟子還說：「萬物皆備於我矣。反身而誠，樂莫大焉。強恕而行，求仁莫近焉。」他認為，反躬自問，自己是忠誠的，便引以為最大的快樂。不懈地按推己及人的恕道做去，達到仁德的途徑沒有比這更近便的了。可見，孟子認為反省的內容還應該有「忠」和「恕」。

而荀子則曰：「見善，修然必以自存也；見不善，愀然必以自省也。善在身，介然必以自好也；不善在身，菑然必以自惡也。」荀子則認為，自省、修身應該以「善」為主。

以上多為古人對自省的看法，身為今人，我們在自省的內容上或許會稍有不同，但相同的是：我們要有勇於自省的精神與習慣。兩千多年前蒼勁聲音穿透歷史呼嘯而至：「吾日三省吾身。」古人尚知如此，更何況我們這些今人呢？

遭受挫折時正是自省的時候

人在遭受挫折時，最容易失去理智而變得衝動。社會新聞裡，常常充斥著自殺的新聞，大都是一些遭遇挫折的人在衝動下做的傻事。其中，有考試落榜，有失戀，有生意虧本，失業……不一而足。

沒有誰的人生會一帆風順。而且，通常而言，大富大貴者必先遭受大磨大難。對於這一點，古之先賢孟子早就指出：「故天將降大任於是人也，必先苦其心志，勞其筋骨，餓其體膚，空乏其身，行拂亂其所為，所以動心忍性，曾益其所不能。」這句話我們在就學時期都曾學習過，磨難能增加一個人的本事以利於日後的成功。孟子在說了上面的話後，緊接著補充了一句：「人恆過，然後能改。」意思是人常常犯錯，犯了過錯，肯反省，檢討自己，然後能改。沒有幫你痛苦打擊的過錯，你難以反省，難以改過。所以，人不怕犯錯誤遇挫折，做錯了、失敗沒有關係，大丈夫挺身而出，改過來，然後能夠曉得冷靜的衡量，再重新振作，能夠做偉大的事業，做一個偉大的人。

犯錯誤、遭挫折不要怕，怕的就是不知道冷靜反思，開始鑽牛角尖而做出蠢事。具體來說，人在犯錯或遇挫折時，要反思下面幾個問題。透過深刻的反思，即能抑制住心中的衝動，或粉碎心中的頹廢，還有利於扭轉局勢，重新走出一片豔陽天。

問題的原因是什麼

除非你盡一切可能找出問題所在，否則你就無法得知該怎麼做。事情是從哪裡出錯的？是否一開始就處於毫無勝算的情況？一位登山運動員在檢討他在喜馬拉雅山的經歷時，

他的結論是自己犯了錯誤，才導致了失敗。他說：「當你攀登到那個高度的時候，你的愚蠢程度也是很高的。」要從錯誤中學習，就得從找出問題的所在著手。

所發生的事，確實是一個失敗，或只是沒有達到目標

你必須評估所發生的事是否確實是一個失敗，或者你認為這是一個錯誤，實際上，它可能只是無法達到的一個不切實際的理想。不論你是歸罪於自己或別人，如果目標不切實際，那麼達不到並不能算是失敗。

挫折中含有多少契機

有一句老話說：「玉不琢，不成器」，人不經試驗也成不了大器。不論你經歷什麼樣的挫折，當中定有成功的契機。有時候那契機並非顯而易見，但是只要你願意去找就會發現。

有人如此說：「一個腳踏實地的人，是一位經過歷練之後去蕪存菁的理想主義者；而一個憤世嫉俗的人，則是一位經過歷練之後卻被燒傷的理想主義者。」別讓逆境之火把你變成一個憤世嫉俗的人；反之，讓它將你去蕪存菁吧！

我能從當中學到什麼

一個小孩在海灘上堆沙堡，當他退後幾步欣賞自己的傑作時，一陣大浪打過來，把沙堡打散了。他望著那堆曾是他

的傑作的小沙丘，說道：「這當中一定可以學到教訓，只是我不知道那是什麼。」

這就是普通人面對困難的態度，因為他們被事情困得那麼嚴重，整個人因迷惘而錯失了學習的機會。但是，我們確實有辦法能夠從錯誤和挫折中學習。詩人拜倫說得好：「逆境是通向真理的第一條路。」

因為每個狀況都不一樣，因此對於如何從挫折中學習，很難整理出一般性原則。但是如果你在經歷事情時能保持一顆學習的心，努力學習任何能幫助你採取不同做法的事，你就能夠改進自己。一個人如果心態正確，那麼任何一個障礙都能讓你更清醒地認識自己。

對這經歷，我是否心存感激

美國的短跑名將埃迪·哈特，在一九七二年慕尼黑奧運會上錯過了一百公尺短跑的預賽，結果喪失了贏得一枚個人金牌的機會。但是他對這個經驗的看法是很正面的，他說：「我們所追求的事，不見得每一樣都能夠獲得成功，這大概就是我錯過那場預賽所學到的最重要的教訓。在我們生命當中，我們會經歷到許多失望，也許是沒有被升遷，也許是沒有得到所想要的工作，但是我們必須學會承受這些打擊。運動是很有價值的，因為它不是輸就是贏。在你成為一個優秀的得勝者之前你必須學會輸得起。」哈特很高興學到能接受打

擊，並對此心懷感恩。如果你面臨了失敗，請試著培養像這
樣感恩的心。

我如何化失敗為成功

美國作家威廉‧福克納如此寫道：「生命中如果有哪個
因素是能導致成功的，那就是從被擊倒中得到益處。就我所
知的每個成功，都是因當事者能夠分析被打倒的原因，而在
下次再試時從中得到助益。」

從一個事件中找到出錯的原因是很有價值的。如果能更
進一步地從錯誤中學習而改進，那就是轉敗為勝的關鍵。有
時候我們從錯誤中學到不犯相同的錯誤，而有時候也會有意
外的發現，譬如愛迪生的留聲機，或是諾貝爾的無煙火藥一
樣。只要你願意去試，一定都能從很糟的情況中找出有價值
的東西。

誰能在這件事上幫助我

有人說，我們能從兩個途徑來學習：一是經驗，亦即從
自己的錯誤中學得的；二是智慧，亦即從別人的錯誤中學得
的。但是我們還是盡可能地從別人的錯誤中學習比較好。

如果有人在一旁協助我們，那麼從自己的錯誤中學習就
比較容易。每次出了大漏洞之後，向許多人求教是必要的。

找對人求教是很重要的。有一個故事，是講一位官員走

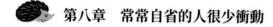

馬上任的時候，他在辦公桌前坐下來，發現前任官員留給他三封信，並附上說明，在承受壓力的時候才能打開這些信。

不久，這個人和新聞界發生了矛盾，於是他打開第一封信。上面寫著：怪罪到你的前任官員頭上。於是他照做了，風平浪靜了一段時間。幾個月之後，他又有了麻煩，於是他打開第二封信。上面寫著：改組。於是他照做了。之後又平靜了一些日子。但是因為他從來沒有真正解決造成問題的根源，於是問題又來了。而且這次問題更大。在極度焦慮之下，他打開了第三封信。信上寫著：準備三封信。

我們是應該向人求教，但是求教的對象，必須是已經成功地處理過自身失敗的人。

下一步該做什麼

深思熟慮之後，就應該考慮下一步該做什麼。著名作家說：「學習的定義就是行為的改變。如果沒有採取實際行動，那麼你就是沒有真正地學習到。」

第九章

胸懷大志的人更能掌控好自己

「匹夫見辱，拔劍而起，挺身而鬥，此不足為勇也。天下大勇者，卒然臨之而不驚，無故加之而不怒。此其所挾持詞解者甚大，而其志甚遠也。」—— 蘇軾

「小不忍則亂大謀。」 ——《論語·衛靈公》

「憤欲忍與不忍，便見有德無德。」 —— 程子

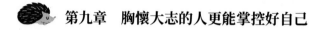

第九章　胸懷大志的人更能掌控好自己

　　蘇軾在〈留侯論〉中說：「匹夫見辱，拔劍而起，挺身而鬥，此不足為勇也。天下大勇者，卒然臨之而不驚，無故加之而不怒。此其所挾持者甚大，而其志甚遠也。」他這段話的大意是：庸人受到一些侮辱就會衝動得與對方爭鬥，甚至勇於搏命，其實這根本就稱不上勇敢；天下有一種真正勇敢的人，遇到突發的情形毫不驚慌，無緣無故侵犯他也不動怒 —— 他們為什麼能夠這樣呢？因為他胸懷大志，目標高遠啊。

　　胸懷大志、目光高遠者往往不拘小節，不會為腳下一些小事情而衝動盲動，以至於打亂成大事的節奏、分散成大事的精力。打個比方，一個懷揣利刃、矢志屠龍的勇士，決不會理會行進途中宵小之輩的譏諷與挑釁，他沒有時間也懶得花精力去回擊。

　　生於戰國末年的張良本來名叫姬良，他是韓國的名門之後，其祖父和父親相繼為韓相國，侍奉過五代君王。在西元前二三〇年，韓首當其衝遭秦滅。從貴冑公子淪落為亡國之奴，二十歲出頭的姬良一度壓不住他對秦王的怒火，衝動地想學荊軻刺殺秦王。在西元前二一八年，他孤注一擲發動了行刺，結果事情未成反而差點讓自己喪命。僥倖逃脫後，姬良改姓為張良，於躲避秦王通緝中幸遇圯上老人。圯上老人刻意侮辱張良，讓張良明白自己身上的使命是滅暴秦而非殺

秦王。一個身負重大使命的人，看事物的眼光驟然開闊，心胸也不再狹窄。後來，張良以他堅毅的忍耐力、冷靜的思考能力，輔助劉邦滅秦誅楚，建立了一番偉大的功業。

想一想，你有一個宏大的志向嗎？如果有，又何必為了一些小事而衝動？當年淪為階下囚的越王勾踐若非胸懷復國雪恥的大志，又如何能忍受吳王夫差的一再羞辱？

因為負重，所以忍辱

強者為什麼能夠忍受常人所不能忍受的侮辱？是因為他們心中有遠大的理想 —— 也就是說，他們身負重任。和他們身上的「負重」相比，侮辱算不了什麼。也許應該這樣說：「負重忍辱」 —— 因為「負重」，所以「忍辱」。

在有關忍辱負重的典故中，韓信的「胯下之辱」已足夠讓人難以承受，但比起勾踐的「嘗糞問疾」來說，就顯得「小巫見大巫」了。韓信只是從人跨下鑽過，而勾踐從一個過慣了錦衣玉食的一國之王，成為吳國的階下囚，為奴三年，受盡凌辱。他為了活下去，為了生存，為了複國、復仇，為吳王當馬夫，當「上馬石」！更令人髮指的是，他為了進一步使夫差放下戒心，以為夫差看病為名，竟嘗其糞便，這令人想起來就作嘔的行為遠遠超出了人的生理極限，實在令人難以想像！

成語「負荊請罪」的故事傳為千古美談：藺相如身為宰相，位高權重，而不與廉頗計較，處處禮讓，何以如此？為國家社稷也。「將相和」，則全國團結；國無嫌隙，則敵必不敢乘。藺相如的忍辱，正是身負國家安定之「重」。也並非所有的「負重」者都能「忍辱」。楚漢相爭時，項羽吩咐大將曹咎堅守城皋，切勿出戰，只要能阻住劉邦十五日，便是有功。不料，項羽走後，劉邦、張良使了個罵城計，指名辱罵，甚至畫了畫，污辱曹咎。這一招，使得曹咎怒從心起，早將項羽的囑咐忘到九霄雲外，立即帶領人馬，殺出城門。真是衝冠將軍不知計，一怒失卻眾貔貅。漢軍早已埋伏停當，只等項軍出城入甕。霎時地動山搖，殺得曹咎全軍覆沒。

　　曹咎身負重任，卻因為一時衝動而忘記了「負重」，終於做了一件無比愚蠢的衝動事。因此，我們在頭腦發熱之時，一定要強迫自己想一想：我的目標是什麼？我這樣做，是否有利於目標？

一個朋友的故事

　　朋友小李自幼喪母，國中未畢業就走向社會，跟隨同鄉在各個城市裡的工地裡混飯吃，學會了社會上很多的不良習慣，賭博、打架等，大錯不犯、小錯不斷。他的少年時代就在懵懂與磕碰中流逝，到了二十出頭，遇到了一個傾心的女

孩，行事才稍微有點收斂。

　　小李和女朋友沒有結婚，兩人一直同居著。有了「老婆」後的小李，也開始為自己的將來做一些規畫與打算。他誰也靠不上，爸爸在幾年前再婚，並且又有了一個同父異母的小弟弟，後母和自己完全不融洽。再說，他家裡的情況本來就比較寒酸。至於「老婆」家，一則也是很普通的人家，二則一直反對他們在一起，要依靠他們也是不可能的。

　　在城市裡生存的貧寒「小夫妻」，日子雖然甜蜜，但總是難免有「貧賤夫妻百事哀」的時候。稍微有些收心的小李終於在一次手裡沒錢時犯了傻事，因為一時的衝動，搶了計程車司機的錢。搶得不多，但仍算是搶劫，很快就被抓住，判了四年刑。

　　坐了三年多一點的牢後，小李因為表現優異提前釋放。重回社會後，一切都變了。他原先的「老婆」已經結婚生子，丈夫居然是小李原先的上司小彭。小彭那幾年拜房地產開發的熱潮，賺了好幾十萬，因此生活過得很好。小李當時接受不了這個事實，準備動刀子解決問題。我知道情況後極力勸阻他，從各個角度進行說服後，他最終被我的「激將」法打消瘋狂的報復念頭。我告訴他：如果他真的有本事，就成為比小彭更厲害的建商，讓小彭來自己的手下；要靠實力來說話。

小李被我的激將法激起了壯志後，果然冷靜了下來，不再提動刀子的事情。當然，白手創業的過程是艱難的，但七、八年後的今天，三十多歲的他一步一步地變成了一個建商。我在這期間曾經問過他，是否還打架賭博，他回答：「哪有時間？忙正事都忙不過來，現在我根本就懶得想那些事情，就是誰打到我頭上我也能躲就躲、能忍就忍，這些事情根本就不值得放在心上。」

　　目標居然徹底改變了一個浪子。實際上，當時的我也只是想打消他瘋狂的衝動而救急的說辭。但他聽進去了，立下自己的目標，並為了這個目標而逐漸改變了自己的壞脾氣、壞習慣。這是當初我勸說他時沒有想到的。

　　事情過後，想想也是：一個心有目標並且不達目標不罷休的人，必定是心無旁騖，哪裡犯得著為目標以外的其他事情而衝動？

　　當然，目標並非根治容易衝動的萬靈丹。事實上，有目標的人在追逐目標時也可能會衝動 —— 如何避免不必要的衝動並倉促行事在我們後面的章節裡會提及，但至少，能夠減少許多與目標無關的衝動。這，就是有目標對於避免衝動的意義之所在。

專注地做事，讓別人去衝動吧

著名哲學家黑格爾說過一句話：「一個有品格的人即是一個有理智的人。由於他心中有確定的目標，並且堅定不移地以求達到他的目標……他必須如歌德所說，知道限制自己；反之，那些什麼事情都想做的人，其實什麼事都不能做，而終歸於失敗。」

是的，機遇就在目標之中。用眼睛盯住目標，用理智去戰勝飄忽不定的興趣，不要見異思遷，這樣我們才能抓住成功的機遇。正如美國作家馬克·吐溫所說：「人的思維是了不起的。只要專注某一項事業，那就一定會做出使自己都感到吃驚的成績來。」這是一個比拼深度的時代。唯有專業，才有深度；而專業來自於對事物的專注。

你知道以前的石匠是怎麼敲開一塊大石頭的嗎？他所擁有的工具只不過是一個小鐵錘和一支小鑿子。當他舉起錘子重重地敲下第一擊時，沒有敲下一塊碎片，甚至連一絲鑿痕都沒有，可是他並不以為然，繼續舉起錘子一下再一下地敲，一百下、兩百下、三百下，大石頭上依然沒出現任何裂痕。

可是石匠還是沒懈怠，繼續舉起錘子重重地敲下去，路過的人看他如此賣力而不見成效卻還繼續硬敲，不免竊竊私語，甚至有些人還笑他笨。可是石匠並未理會，他知道雖然

所做的還沒看到成效，不過那並非表示沒有進展。他又挑了大石頭的另一個地方敲，一錘又一錘，也不知道是敲到第五百下還是第七百下，或者是第一千下，終於看到了成效，那不是只敲下一塊碎片，而是整塊大石頭裂成了兩半。難道說是他最後那一擊，使得這塊石頭裂開的嗎？當然不是，這是他一而再、再而三連續敲擊的結果。這個故事幫我們很大的啟示，持續不斷的努力就有如那把小鐵錘，它能敲碎一切橫亙在人生路途上的巨大石塊。

　　美國鋼鐵大王安德魯・卡內基在一次演講中指出：「獲得成功的首要條件和最大祕密，是把精力完全集中於所做的事。一旦決心做哪一行，就要決心做出名堂，要出類拔萃，要一點一滴地改進，要採用最好的機器，要盡力通曉這一行。失敗的企業往往是那些分散了精力的企業。它們向這件事投資，又向那件事投資；在這裡投資，又在那裡投資；各方面都有投資。『別把所有的雞蛋放入一個籃子』之說是大錯特錯。我告訴你們，要把所有的雞蛋放入一個籃子，然後顧好這個籃子。注視周圍並留點神，能這樣做的人往往不會失敗。照顧好那個籃子很容易，但在我們這個國家，想多提籃子所以打碎雞蛋的人也多。有三個籃子的人就得把一個籃子頂在頭上，這樣很容易摔倒。」

　　每個人的精力是有限的，只有把有限的精力全部集中到一件事情上，才能把這件事情做好。

做最好的自己

　　只有選取了適合自己的目標，你才能堅定地走下去，並有最大的勝算達成目標。選取適合自己的目標，需要最大限度地了解自己、認識自己。拿破崙・希爾說：「無論別人的推心置腹顯得多麼明智和多麼美好，從事物本身的性質來講，人們都應該當是自己最好的知己。」

　　尋找真實的自己，不是一朝一夕的工作，而是你整個人生的一件工作。尋找真實的自己，是自我充實的一件偉大而生動的工作。如何尋找真實的自己？你必須記住，真實的自己，包含著善與惡。善的本質包括：自尊、自信、自恃、勇氣……惡的本質包括：失意、孤僻、憤恨、自卑……尋找真實的自己，就必須了解自己的缺憾對自己的影響。惡的本質創造了一個渺小的自我，善的本質創造了一個偉大的自我，而每個人都是一個渺小自我與偉大自我的混合體。渺小自我的消極感常常存在，它們就像紅燈，叫你把善良的本質收藏起來，加入它們的陣營。偉大的自我是綠燈，讓你勇往直前，以心智的能力追求你的目標，不讓自己的消極感作祟。

　　如何尋找真實的自己？你必須了解自己永遠無法達到完美的境界，但只要自己每天盡力去做，將能使自己獲得極大的快樂。究竟該如何盡力去做呢？這就是要解決問題，克服困難，超越憤怒、挫折、卑怯和空虛之感。只要想創新，

就試著用善的本質去達到自己的目標，你就算是向著尋找真正的自我之路邁進了。太陽每天都是新的，每天都有新的機會，只要你不斷地找尋真實的自我，就可獲得充實的人生，從而發揮你的靈性。

能夠客觀地認識自己當然是有些困難的，然而身為一個想正正經經做一番事業的人，對自己先要有個正確的認知，難道這不是一個最起碼的要求嗎？比如說，你可能解不出那樣多的數學難題，或記不住那樣多的外文單字、片語，但你在處理事務方面卻有特殊的本領，能知人善任、排難解紛，有高超的組織能力；又比如你在物理和化學方面也許差一些，但寫小說、詩歌卻是能手；也許你分辨音律的能力不行，但卻有一雙極其靈巧的手；也許你連一張桌子也畫不像，但有一副動人的歌喉；也許你不擅於下棋，但有過人的臂力。在認識到自己優點的前提下，如果能揚長避短，認準目標，抓緊時間把一件工作刻苦、認真地做下去，久而久之，自然會結出豐碩的成果。

即使是那些看起來很笨的人，也許在某些特定的方面也會有傑出的才能。比如，柯南‧道爾當一個醫生並不出名，寫小說卻名揚天下。每個人都有自己的特長，都有自己特定的天賦與才能，如果你選對了符合自己特長的目標努力，就能夠成功；如果你沒有選對符合自己特長的目標，或許就會自己埋沒自己。

很多成功人士的成功，首先得益於他們充分了解自己的優點，根據自己的特長來進行定位。如果不充分了解自己的優點，只憑一時的興趣和想法，那麼定位就很可能不準確，並帶來很大的盲目性。歌德一度沒能充分了解自己的優點，樹立了當畫家的錯誤志向，害得他浪費了十多年的光陰，為此他非常後悔。美國女影星荷莉‧亨特一度竭力避免被定位為短小精悍的女人，結果走了一段彎路。幸虧有經紀人的引導，她重新根據自己身材嬌小、個性鮮明、演技極富彈性的特點進行了正確的定位，出演了《鋼琴師和她的情人》等電影，一舉奪得一九九三年坎城電影節的金棕櫚獎和奧斯卡大獎。

類似的例子實在是太多了。

達爾文學數學、醫學呆頭呆腦，一接觸到動植物卻靈光煥發……

以撒‧艾西莫夫是一位世界聞名的科幻作家，同時也是一位自然科學家。一天上午，他坐在打字機前打字的時候，突然意識到：「我不能成為一個第一流的科學家，卻能夠成為一個第一流的科幻小說作家。」於是，他幾乎把自己的全部精力放在科幻小說上，終於成了當代世界最著名的科幻小說作家。

倫琴本來學的是工程科學，他在老師孔特的影響下，做了一些物理實驗，並逐漸體會到，這就是最適合自己從事的行業。後來他果然成了一個有成就的物理學家。

第九章　胸懷大志的人更能掌控好自己

　　一些遺傳學家經過研究認為：人的正常智力由一對基因所決定。另外還有五對次要的修飾基因，它們決定著人的特殊天賦，起著降低或升高智力的作用。一般而言，人的這五對次要基因總有一兩對是「好」的。也就是說，人總有可能在某些特定的方面具有良好的天賦與素質。

　　所以，每一個人都應該努力根據自己的特長來設計自己，量力而為。根據自己的才能、興趣、環境、條件等，確定目標。不要埋怨環境與條件，應該努力尋找有利條件；不能坐等機會，要自己創造條件，拿出成果來，獲得社會的承認。從事科學研究的人不僅要擅於觀察世界，觀察事物，也要擅於觀察自己，了解自己。

第十章
知足的人很少衝動

「知止而後有定,定而後能靜,靜而後能安,安而後能慮,慮而後能得。」 —— 《禮記・大學》

「知足不辱,知止不殆,可以長久。」 —— 老子

「知行知止唯賢哲,能屈能伸是丈夫。」 —— 邵雍

「憂勤是美德,太苦則無以適性怡情。」 —— 洪應明《菜根譚》

　　李叔同在出家前，幫他的朋友寫過一幅字：「知止。」字雖只有二字，但當中含義博大。李叔同對朋友說：這簡單二字，能讓我們悟出人世間的「一個大道理」。

　　「知止」中含有什麼人生的大道理呢？〈大學〉說：「知止而後有定，定而後能靜，靜而後能安，安而後能慮，慮而後能得。」由此可見，一個知止的人，是一個不容易衝動的人。《老子》中說：「知足不辱，知止不殆，可以長久。」

貪欲是眾惡之源

　　見到利益就想得到，而且得到越多越好，這是許多人共同的心理。看到別人賺錢，自己也想發財，這也是正常的現象。但是君子愛財，取之有道，不能貪心不足。身為一個官員如果太貪婪，那麼離自取滅亡的日子就不遠了；身為一個年輕人，如果貪無止境，那麼他的前途也將要喪失；身為一個商人如果貪心十足，那麼他在商戰中很快就會敗下陣來。人由於貪欲不止，往往只見利而不見害，結果是利也沒有得到，害反而先來臨了。

　　貪欲是眾惡之本。人一旦貪欲過分，就會方寸大亂，行事無法度、沒分寸。貪欲一多，心術就不正，就會被貪欲所困，離開事物本來之理去行事，就必定導致將事做壞、做絕，大禍也就將要臨頭了。

有個故事：上帝在創造萬物時，並沒有為蜈蚣造腳，但是它仍可以爬得和蛇一樣快速。有一天，它看到羚羊、梅花鹿和其他有腳的動物都跑得比牠還快，心裡很不高興：「哼！腳越多，當然跑得越快。」

於是，牠向上帝禱告說：「上帝啊！我希望擁有比其他動物更多的腳。」

上帝答應了蜈蚣的請求。祂把好多好多的腳放在蜈蚣面前，任憑牠自由取用。

蜈蚣迫不及待地拿起這些腳，一隻一隻地往身上貼，從頭一直貼到尾，直到再也沒有地方可貼了，牠才依依不捨地停止。

牠興奮地看著滿身是腳的自己，心中暗暗竊喜：「現在我可以像箭一樣地飛出去了！」

但是，等牠開始要跑步時，才發覺自己根本無法控制這些腳。這些腳各走各的，它非得全神貫注，才能使一大堆腳不致互相絆跌而順利地往前走。

結果，它走得比以前更慢了。

其實，世間許多人又何嘗不是如此？金錢、名聲、美色……他們追逐貪戀，永不知足。

古時候有一首〈不知足歌〉，十分形象化地描繪了貪心者的欲望：

終日奔忙為了饑，才得飲食又思衣。
冬穿綾羅夏穿衫，堂前缺少美貌妻。
娶下三妻並四妾，又怕無官受人欺。
四品三品嫌官小，又想面南做皇帝。
一朝登了金鑾殿，卻慕神仙下象棋。
洞賓與他把棋下，又問哪有上天梯。
若非此人大限到，上到九天還嫌低。

物欲太盛造成的靈魂病態，就是永不知足，精神上永無寧靜，永無快樂。

物質上永不知足是一種病態，其病因多是權力、地位、金錢之類引發的。這種病態如果發展下去，就是貪得無厭、利令智昏，其結局是自我毀滅。

知足為常樂之門

知足者常樂，知足便不作非分之想；知足便不好高騖遠；知足便心若止水；知足便不貪婪、不奢求、不豪奪巧取；知足者溫飽不慮便是幸事；知足者無病無災便是福澤。所謂養性修身，參禪悟道，在我理解，無非就是個散淡隨緣，樂天知命。「知分心自足，委順常自安」，這其中的玄機，就靠自己去參悟了。過分的貪取、無理的要求，只是徒然帶幫自己煩惱而已，在日日夜夜的焦慮企盼中，還沒有嘗到快樂之前，已飽受痛苦煎熬了。因此古人說：「養心莫善於寡欲。」

我們如果能夠控制住自己的心，駕馭好自己的欲望，不貪得、不覬覦，做到寡欲無求，役物而不為物役，生活上自然能夠知足常樂，隨遇而安了。

知足表現在從生活的任何狀況中都能發現值得為之快樂的東西，就彷彿兒童在海灘拾貝，無論撿到什麼都是欣喜的，哪怕一無所獲，也不會失望，因為能夠自由自在地在大海邊遊玩這本身就不是人人都能享受到的快樂。我們常常可以看到許多生活艱苦的人卻笑口常開，而且通常的情況常常越是艱苦越是感到知足。這種生活態度常常教人看了莫名其妙。

其實，知足也是一種處世的藝術，它一部分出於無奈，但更多的則根源於精神世界的充實豐富以及應付人生世事的自如圓熟。知足或不知足，都不是生活的主要目的；人生的目的當是尋求生活的快樂，當一個人無法改變現有生活時，他除了接受以外，還能有更明智的選擇嗎？有著知足的想法，在順境裡固然能悠閒自在，即使在逆境中也能夠隨遇而安。人生常常是無奈的，有時候會被迫置身於極不情願的生活境遇裡，甚至會落到萬念俱灰的地步，但是一旦他想到自己好歹還擁有一個可愛的人生，便又可知足地微笑起來。「留得五湖明月在，不愁無處下金鉤」，「留得青山在，不怕沒柴燒」等格言講的就是這個道理。

第十章　知足的人很少衝動

　　孔子游泰山，遇到一位不知何許人者，鹿裘帶索，鼓琴而歌，孔子見而問：「先生何樂也？」對曰：「吾樂甚多，而至者三。天生萬物，唯人為貴，吾既得為人，是一樂也；男女之別，男尊女卑，故人以男為貴，吾既得為男，是二樂也；人生有不見日月，不免襁褓者，吾既以行年九十五矣，是三樂也。貧者士之常，死者人之終。處常得終，當何憂哉！」

　　知足是在深刻理解生活本質之後的明智選擇。人的欲望是永無止境的，俗話說：「猛獸易伏，人心難降；谷壑易填，人心難滿。」但生活所能提供的欲望的滿足卻總是有限的。因此在人的現實生活中，「足」是相對的、暫時的，而「不足」則是絕對的、永恆的。假如一個人處處以「足」為目標不懈追求，那麼他所得到的將是永遠的不足；如果一個人以「不足」為生活的事實予以理解和接納，那麼他對生活的感受反倒處處是足的。這種處世藝術正是表現在足與不足的調和平衡之中。知「不足」，所以知足；不知「不足」，所以不知足；知「不足」，可以知足；不知足，便總是「不足」。由此可見，知足就是一個人自覺協調人心欲望與實現條件兩者關係的過程。用什麼來協調？用「知足」來協調。足不足是物性的，而知不知則是人性的。以人性駕馭物性，便是知足；以物性牽制人性，就是不知足。足不足在物，非人力所能勉強；知不知在我，非多少所能左右。

知足為常樂之門

不知足是本然的、合情的，毫不費力。相反地，知足是自覺的、頑強的、堅毅的和難能可貴的。當你步行在街道上看到一輛輛擦身而過的漂亮轎車時，當你身居斗室望著窗外一幢幢摩天大樓時，因羨慕、嫉妒而起的不知足，無須吹灰之力便不招而至了。而要擺脫這些情緒的糾纏，今晚依然知足地臥床酣睡，明早照樣知足地搭車上班，卻是很不容易的。可見，不知足者根本沒有資格嘲笑不凡的知足者。在嘲笑別人之餘，倒是應該想一想自己為物所役的淺薄、空虛和浮躁。正如程子所說：「人為外物所動者，只是淺。」

知足者當然不是無所希冀、無所追求。誰不愛吃山珍海味，誰不喜歡汽車洋房，但現實終歸是現實。眼熱解決不了問題，傷感也無濟於事，在萬般無奈之時，唯一可以保持的是這分知足的快樂。「知足」，說時容易做時難。因為知足難，所以知足常樂才稱得上是一種藝術。足與不足，都是比較的結果。一談到比較，幾乎人人都知道一句話：「比上不足，比下有餘。」生活可以有四種「比較」的方法，「比上」與「比下」是其中的兩種，「比己」，即自己跟自己比是一種，還有一種就是「不比之比」，不跟任何東西比較，也算是一種「比較」。

「比上」自然是不足，這似乎不必多言，因為我們大家都可能嘗過這種苦澀的滋味。「比下」當然有餘，這是人們

通常常用的知足藝術，很簡單，但在生活中運用起來卻幾乎是百試百靈的。從前有一個人不小心丟失了一雙新買的金縷鞋，為此他悶在家裡茶不思、飯不想地難過了好幾天。這天他強打起精神到街上閒逛，無意中看到一個拄著拐杖只有一條腿的瘸子，正興高采烈地與人聊天，驀然之間，他幡然醒悟：失去一條腿的人尚能如此快活，我丟失了一雙鞋又算得了什麼呢？想到這裡，頓覺心胸爽朗，淤積數天的不快霎時煙消雲散。生活是公平的，它毫不吝惜地把大大小小的幸福賜給眾人，但也從來不讓其中的任何人獨占鰲頭，免得他過於狂妄；生活也毫不留情地把各種各樣的災難帶給人們，卻極少把其中的任何人推到絕境，這就是人們常常說的「天無絕人之路」。一個人不管遭受何種痛苦境遇，比上不足，比下也還有餘，只要知足，就有快樂 —— 當人失意的時候，都會這樣想的。

　　「比下」雖然比「比上」更能知足常樂，但是，與「比上」一樣，「比下」終歸要與別人相比，與人相比，總有點受制於人的感覺，而且常常免不了「人比人，氣死人」。為了避免這種情形出現，最好不要拿自己與別人相比，不管是比上還是比下，如果一定要比，倒不如自己與自己比。

不要急於求成

懂得做事不要急於求成，急於求成，事情終將釀成大錯，只有一步一步地遵循事物發展的正常規律，想要做的每件事情才能夠輕鬆地辦好。

做事不要一味地追求速度，不要貪圖小利。如果單純地追求做事的速度，不講效果，最終也是很難達到自己想要的結果的；只顧眼前的小利，不講長遠利益，那麼就什麼事情也做不成。

子夏是孔子的學生。有一年，子夏被派到莒父去做地方官。臨走之前，他專門去拜望老師，他向孔子請教說：「請問，怎樣才能治理好一個地方呢？」

孔子十分誠懇地對子夏說：「治理地方，是一件十分複雜的事。可是，只要抓住了根本，也就很簡單了。」

孔子向子夏交代了應該注意的一些事後，又再三囑咐說：「無欲速，無見小利。欲速，則不達；見小利，則大事不成。」

這則「欲速則不達」諺語以後便從此而流傳下來，被人們常常用來說明過於性急圖快，反而適得其反，不能達到目的。

有一個小孩，很想知道蝴蝶如何從蛹裡出來，變成蝴蝶而會飛的祕密。

有一天，他走到草地上看見一個蛹，便把它拿回了家，然後仔細地看著，過了幾天之後，這個蛹裂出了一條痕，裡面的蝴蝶開始掙扎，想掙破蛹殼向外面飛。

蝴蝶在蛹裡面很辛苦地拚命掙扎，可是怎麼也沒辦法飛出來。小孩看著於心不忍，就想不如幫牠一下吧，便隨手拿起鑷子把蛹弄破一個小洞，他想使蝴蝶破蛹而出。

蝴蝶雖然就這樣出來了，可是因為翅膀不夠有力，變得很臃腫，根本就無法飛起來。

過了很長時間，蝴蝶還是飛不起來，只能夠在地面上爬。其實這是因為牠沒有經過自己奮鬥便從蛹裡出來所造成的結果。

所以，在做事情的時候，我們一定要遵循事物的規律，千萬不能為了一時求快，而做出一些蠢事來，不是有句俗話這樣說的：只有瓜熟之時，蒂方才能夠脫落；必須水到，方能渠成嗎？講的就是欲速則不達的道理。

欲速則不達，說的是在你不遵循事物發展的規律希望很快完成某件事情的時候，結果往往會達不到目的，反而還會欲快而慢。

就比如說上面的那隻蝴蝶，如果透過牠自己的努力，最後將蛹打開飛出來，牠便可以一飛沖天。但是這個小孩幫助它，結果反害了這隻蝴蝶，是欲速則不達的結果。

這個故事，表面上來看是一個自然界生物很小的事實，可是放大至我們的人生，我們今時今日所做的事業，都必須有一個痛苦的掙扎、奮鬥的過程，對於這樣的過程其實就是將你鍛鍊得更堅強，使你成長得更有力的過程。

適可而止，見好要收

世事如浮雲，瞬息萬變。不過，世事的變化並非無章可循，而是窮極則返，循環往復。《周易‧复卦‧象辭》中說：「复，其見天地之乎！」「日盈則昃，月盈則食。」中國傳統從周而復始的自然變化中得到心靈的啟示：「無來不陂，無往不復。」老子要言不繁地概括為：「反者道之動。」人生變故，猶如環流，事盛則衰，物極必反。生活既然如此，安身立命應該處處講究恰當的分寸。過猶不及，不及是大錯，大過是大惡，恰到好處的是不偏不倚的中和。常言道：「做人不要做絕，說話不要說盡。」廉頗做人太絕，不得不肉袒負荊，登門向藺相如謝罪。鄭伯說話太盡，無奈何掘地及泉，隨而見母。凡事留一線，日後好見面。凡事都能留有餘地，方可避免走向極端。特別在權衡進退得失的時候，務必注意適可而止，盡量做到見好就收。

美酒飲到微醉處，好花看到半開時。明人許相卿說：「富貴怕見花開。」此語殊有意味。言已開則謝，適可喜正可懼。

做人要有自惕惕人的心情，得意時莫忘回頭，著手處當留餘地。此所謂「知足常足，終身不辱，知止常止，終身不恥」。

君子好名，小人愛利，人一旦為名利驅使，往往身不由己，只知進，不知退。尤其在古代，不懂得適可而止，見好便收，無疑是臨淵縱馬。封建君王，大多數可與同患，難與處安。做臣下的在大名之下，難以久居。故老子早就有言在先：「功成，名遂，身退。」范蠡乘舟浮海，得以終身；文種不聽勸告，飲劍自盡。此二人，足以令中國歷史官場中人為戒。不過，人的不幸往往就是「不識廬山真面目」。

任何人不可能一生總是春風得意。人生最風光、最美妙的時刻也是最短暫的時光。花無百日紅，人無千日好。就像打牌一樣，一個人不能總是得手，一副好牌之後就是壞牌的開始。所以，見好就收便是最大的贏家。世故如此，人情也是一樣。與人相交，不論是同性知己還是異性朋友，都要適可而止。君子之交淡如水，既可避免利盡人散的結局，同時友誼也只有在平淡中方能現出真情。越是形影不離的朋友越容易反目成仇。「受恩深處宜先退，得意濃時便可休」，即使是恩愛夫妻，天長日久的耳鬢廝磨，也會有愛老情衰的一天。北宋詞人秦少游所謂「兩情若是長久時，又豈在朝朝暮暮」，這不止是勞燕兩地的分居夫婦之心理安慰，更應該成為終日廝守的男女情侶之醒世忠告。

　　樂不可極，樂極生悲；欲不可縱，縱欲成災。樂極生悲一語幾乎婦孺皆知，但通常人對它的理解，往往因快樂過度而忘乎所以、動止失矩，結果不慎發生意外，惹禍上身，化喜為悲。凡讀過王羲之的〈蘭亭集序〉，大致上可以領悟樂極生悲的含義。在崇山峻嶺、茂林修竹的雅致環境裡，群賢畢至，高朋會聚，曲水流觴，詠敘幽情，這是何等快樂！王羲之欣然記得：「是日也，天朗氣清，惠風和暢，仰觀宇宙之大，俯察品類之盛，所以遊目騁懷，足以極視聽之娛，信可樂也。」但是，就在「快然自足，曾不知老之將至」之時，突然使人產生了萬物「修短隨化，終期於盡」的悲哀，於是情緒一轉：「及其所之既倦詞解，情隨事遷，感慨繫之矣。向之所欣，俯仰之間，已為陳跡，猶不能不以之興懷。」這是真正的樂極生悲。

　　類似的心情變化可以在蘇東坡的〈前赤壁賦〉中進一步得到印證。蘇東坡與客泛舟江上，「飲酒樂甚，扣舷而歌之」，這本來是很快活的，偏偏樂極生悲，「客有吹洞簫者，倚歌而和之」，其聲偏偏又嗚嗚然。「如怨如慕，如泣如訴」，這八個字真是把一個人由樂轉悲之後的難言心境寫絕。飲酒本是一件樂事，但多愁善感的人飲酒，往往會見物生情，情到深處反添恨。正如司馬遷所說：「酒極則亂，樂極生悲，萬事盡然。」

　　樂極生悲概括地講，是一個人對生命的熱愛和留戀而生出的惘然和悲哀；詳細地說，是一個人對生活中「好花不常開，好景難常在」的無奈和悵懷。人的情緒很難停駐在靜止的狀態，人對世事盛衰興亡的更替習以為常，心境喜怒哀樂的輪迴變換也成為自然，人在縱情尋樂之後，隨之而來的往往是莫名其妙的空虛傷懷，推之不去，因為歡樂和惆悵本來就首尾並列。所以莊子在「欣欣然而樂」之後感嘆：「樂未畢也，哀又繼之。」人只有在生命的愉悅中才能體會真正的悲哀。真正的喪親之痛，不在喪親之時，而在闔家歡宴，或睹舊物思亡人的那一瞬間。人在悲中不知悲，痛定思痛是真痛。

　　在生活悲歡離合、喜怒哀樂的起承轉合過程中，人應該隨時隨地、恰如其分地選擇適合自己的位置。正如孟子所說：「可以仕則仕，可以止則止，可以久則久，可以速則速。」鑑於人的情感和欲望常常盲目變化的特點，必須要注意適可而止，見好就收。

　　一個人是否成熟的象徵之一是看他會不會退而求其次。退而求其次並不是懦弱畏難。當人生歷程的某一方面遇到難以逾越的阻礙時，擅於通權達變，能屈能伸，心情愉快地選擇一個更適合自己的目標去追求，這事實上也是一種進取，是一種更踏實可行的以屈為伸，以退為進。力能則進，否則

退，量力而行。自不量力是安身立命的大敵。當一個人在一種境地中感到力不從心的時候，退一步反而海闊天空。

　　適可而止，見好便收，是歷代智者的忠告，更是安身立命的藝術。

第十章　知足的人很少衝動

第十一章
低調行事的人很少衝動

「英雄多難，非養晦何以存身？」── 楊慎

「性有巧拙，可以伏藏。」──《陰符經》

「大勇若怯，大智若愚。」── 蘇軾

「大賢虎變愚不測，當年頗似尋常人。」── 李白

一個人的衝動，總是有一個理由的。在這些五花八門的理由中，被別人冒犯是一個常見的理由。我們在前面一直強調個人在遇到引發衝動的事情時要調整心態、要忍讓，但有沒有一個更積極、更主動的方法，如何從源頭上減少來自各方的冒犯？

如果沒有那麼多的人來冒犯自己，衝動的蠢事無疑會要減少很多。要想不成為別人眼裡的靶子，自己一定要放下身段，低調做人。木秀於林，風必摧之；行高於眾，眾必非之。在眾人的攻擊之下，定力再好的人也難免怒不可遏，在怒火中做出不理智的事情。

人的低調展現在不輕易出頭，展現在多思索、少說話，展現在多安靜、少喧嘩。不要讓人以為你是個愛搶風頭的人，以免激起嫉妒，產生衝突和公憤。這樣，避免了別人對你的衝動，也避免了你因為別人的衝動而造成的衝動。

當你學會了低調做人，你就會擁有平靜而又實在的幸福感，生活中少了諸多的火藥味。這時，你會發現心閒氣定地享受生活是如此的美妙。

驕傲自大是衝動的重要原因

人不可無傲骨，但不可有傲氣。傲骨在內，決不輕易展現；傲氣在外，處處盡顯鋒芒。傲氣表現在一個人的驕傲自

大上，總以為「老子天下第一」，不把別人放在眼裡，不將困難放在心上。在這種狂妄心態的支配下，人不衝動才怪。

西晉末年，秦王苻堅率九十萬大軍大舉進攻東晉。這支號稱百萬的大軍綿延千里、水陸並進。苻堅驕傲地宣稱：「以吾之眾旅，投鞭於江，足斷其流。」「投鞭斷流」的典故即是來自於此。按理說，以百萬之眾對付數萬東晉兵士，在冷兵器時代，根本就是老鷹抓小雞的遊戲。苻堅因為在這場遊戲中扮演的是「老鷹」的角色，所以在與「小雞」東晉的戰爭中根本就不講章法、不聽勸告，率性而為，卻不料被東晉的幾萬人馬打得落花流水，被殲與逃散的士兵竟高達七十多萬！

經此一役，苻堅統一南北的美夢徹底破滅。不僅如此，元氣大傷的苻堅政權也隨之解體，苻堅不久後死於亂軍之中，前秦隨之滅亡。苻堅這個虧，吃得可謂不小，不僅失去了大軍，還丟了性命，亡了國。

驕傲是一種惡習，它依賴的是一種資本，付出的是一種代價。越是驕傲的人，付出的代價越會沉重。一個人如果太驕傲了，就會藐視一切權威，藐視一切規則，變得妄自尊大，誰都瞧不起，誰都不放在自己的眼中，就會「不承認世界上有比他更強、更高的人，不承認客觀實際，目空一切」，慢慢地整個世界變得似乎只有他一個人存在似的，嚴重脫離實際，最後，只能是孤家寡人。

第十一章　低調行事的人很少衝動

　　一個人如果太驕傲了，他就會陷入一種莫名其妙的自我陶醉之中，落入不切實際的自大陷阱之中，無論別人對他有多大的意見，無論別人對他有許許多多的說法和評價，這類人的「自我感覺」將永遠是良好的，他永遠生活在聽不進批評的自我滿足之中。西方近代哲學史重要的理性主義者史賓諾莎說過：「驕傲自大的人喜歡依附他的人或諂媚他的人，而厭惡高尚的人。……而結果這些人愚弄他，迎合他那軟弱的心靈，把他由一個愚人弄成一個狂人。」

　　一個人如果太驕傲自大了，他就會失去對自我的客觀的評價，越到後來，就越感覺自己了不起，感覺對方什麼都不好，自覺或不自覺地輕視了自己的競爭對手，從而在競爭中一敗塗地。希臘有位學者說過這樣的話：「傲慢始終與相當數量的愚蠢結伴而行。傲慢總是在即將破滅之時，及時出現。傲慢一現，謀事必敗。」驕傲自大是滅亡的主因。《左傳》說：「驕而不亡者，未之有也。」太狂妄了，必然會造成一個人貿然衝動做事，結果就會自食其果。有一句格言：「驕傲自滿是我們的一個可怕的陷阱；而且，這個陷阱是我們自己親手挖掘的。」

　　驕傲的反義詞是謙虛。謙虛是每個社會人必備的品格，具有這種品格的人，在待人接物時能溫和有禮、平易近人、尊重別人，擅於傾聽他們的意見和建議，能虛心求教，取長

補短。對待自己有自知之明，在成績面前不居功自傲；在缺點和錯誤面前不文過飾非，能主動採取措施進行改正。

不論你從事何種職業，擔任什麼職務，只有謙虛謹慎，才能保持不斷進取的精神，才能增長更多的知識與見識。因為謙虛謹慎的品格能夠幫助你看到自己的差距。永不自滿，不斷前進可以使人冷靜地傾聽別人的意見和批評，謹慎從事。否則，驕傲自大，滿足現狀，停步不前，主觀武斷，輕者使工作受到損失，重者會使事業半途而廢。

具有謙虛謹慎品格的人不喜歡裝模作樣、擺架子、盛氣凌人，而能夠虛心地學習。

該低頭時要低頭

颶風掃蕩過的原野一片狼藉，連高大偉岸的橡樹也被攔腰折斷。然而蘆葦卻堅強地活了過來，在微風中跳起了輕快的舞蹈。颶風以橫掃一切的氣勢，將高大偉岸的橡樹折斷，卻沒有傷害到纖細如指、柔弱如柳的蘆葦，究竟是什麼原因？原來，蘆葦在颶風來臨時，將自己的身子一再放低、放低……幾乎與地面平行，使颶風加在自己身上的力量減少到最低，所以得以保全自己。而像樹，仗著自己有堅實的腰板，不肯放下自己的身段，最終免不了被颶風吹折。

「人在屋簷下，不得不低頭。」這是一句金玉良言。你誓

不低頭，結果撞了腦門。生氣吧，憤怒吧，難道你還能掀了屋頂 ── 掀了之後你去哪裡容身？

　　一次，一位氣宇軒昂的年輕人，昂首挺胸，邁著大步去拜訪一位德高望重的老前輩，不料，一進門，他的頭就狠狠地撞在了門框上，痛得他一邊直用手揉搓，一邊生氣地看著比他的身子矮一截的門。恰巧，這時那位前輩出來迎接他，看到了，笑笑說：「很痛嗎？可是，這將是你今天來訪問我的最大收穫。」年輕人不解，疑惑地望著他。「一個人要想平安無事地生活在世上，就必須時刻記住：該低頭時就低頭。這也是我要教你的事情。」老人平靜地對年輕人說。

　　這位年輕人把這次拜訪得到的教導看成是一生中最大的收穫，並把它作為人生的生活準則去遵守，因此受益終生。後來，他成為卓越的一代偉人。

　　人生要歷經千門萬坎，洞開的大門並不完全適合我們的軀體，有時甚至還有人為的障礙。若一味地趾高氣揚，到頭來，不但被拒之門外，而且還會撞得頭破血流。學會低頭，該低頭時就低頭，巧妙地穿過人生荊棘，它既是人生進步的一種策略和智慧，也是立身處世不可缺少的風度和修養。

別把自己看得過於重要

舉凡衝動者，大都是太把自己看得過於重要。遇到別人冷眼，心想居然不把我當一回事，腦子一熱，血往上湧；看到別人賺錢，哼，算什麼，我也行，於是大把鈔票砸進去……

因為太把自己看得過於重要，但別人並不一定把你當回事，於是總有爭執，總有衝突，總有衝動。

那些深諳做人道理的人，大都是在社會群體中能夠擺正自己位置的人。而把自己看成是高人一等的人，一定是世界上最愚蠢的人。

有時我們的煩惱來自於我們有顆狂妄自大的心。一個人如果妄自尊大，把誰都不放在眼裡。一切皆以自我為中心，那麼他一定會一天到晚都被煩惱重重包圍。

一個人太自負了就很容易陷入一種莫名其妙的自我陶醉之中，變得不切實際地自大起來，他會無視所有人對他的不滿和提醒，終日沉浸在自我滿足之中，對一切功名利祿都要捷足先登，這樣的人反而永遠也得不到人們對他的理解和尊重。

無論你採取什麼方式指出別人的錯誤：蔑視的眼神，不滿的腔調，不耐煩的手勢，難以讓人舒心的臉色……都可能帶來災難性的後果。你認為對方會認同你嗎？絕對不會！因為你否定的不是一件事，而是對方的能力和智慧。所以，

大多數情況下，對方非但不會改變自己的看法，還會進行反擊。這時，你即使搬出柏拉圖、康德、黑格爾也無濟於事。

古希臘著名哲學家蘇格拉底一再告訴他的門徒：「你只知道一件事，就是一無所知。」而英國十九世紀的某位政治家則更加直白地訓導他的兒子：「你要比別人聰明，但不要告訴人家你比他們聰明。」

自傲者對自我失去了客觀評價，覺得在這個世界上，唯我最大，捨我其誰，一副不知天高地厚的架勢，說大話，吹牛皮，以示自己偉大的魄力和氣度。可是靠說空話解決不了任何問題，人們尊敬的是那些腳踏實地做事的人，而不是自吹自擂的謊話專家。

其實，越是偉大的人越是謙卑待人，人們也越是會敬重他。

有這樣一件趣事：在美國紐約的一個既髒又亂的候車室裡，靠門的座位上坐著一個滿臉疲憊的老人，背上的塵土及鞋子上的污泥表明他走了很多的路。列車進站，開始驗票了，老人不緊不慢地站起來，準備往驗票閘門走。忽然，候車室外走來一個胖太太，她提著一個很大的箱子，顯然也要趕這趟列車，但箱子太重，累得她氣喘如牛。胖太太看到了那個老人，朝他大喊：「喂，老頭，你幫我提一下箱子，我給你小費。」那個老人想都沒想，接過箱子就和胖太太朝驗票

閘門口走去。

　　他們剛剛驗票上車，火車就開了。胖太太抹了一把汗，慶幸地說：「還真多虧你，不然我趕不上車。」說著，她掏著一美元遞給那個老人，老人微笑著接過。這時，列車長走了過來，對那個老人說：「洛克斐勒先生，你好。歡迎你乘坐本次列車。請問我能為你做點什麼嗎？」「謝謝，不用了，我只是剛剛做了一個為期三天的徒步旅行，現在我要回紐約總部。」老人客氣地回答。

　　「什麼？洛克斐勒？」胖太太驚叫起來，「老天，我竟讓著名的石油大王洛克斐勒先生幫我提箱子，居然還給了他一美元小費，我這是在幹什麼啊？」她連忙向洛克斐勒道歉，並誠惶誠恐地請洛克斐勒把那一美元小費退給她。

　　「太太，你不用道歉，你根本沒有做錯什麼。」洛克斐勒微笑著說，「這一美元是我的報酬，所以我收下了。」說著，洛克斐勒把那一美元鄭重地放在了口袋裡。

　　真正的大人物是那種成就了不平凡的事業卻仍然像平凡人一樣生活著的人。他們從來都是虛懷若谷的，他們不會因為自己腰纏萬貫而盛氣凌人，他們從來不會見人就喋喋不休地訴說自己是如何成功和發跡的，他們也從不痛恨自己的同仁是「居心叵測之人」，他們只是「不以物喜，不以己悲」，平和地去做著自己分內的事情。

自以為是的人頭腦容易發熱，他們往往充滿夢想，只相信自己的智慧和能力，堅信只有自己是正確的；他們從來不接受別人的意見和勸告，認為採納了別人的意見就等於是對自己的否定和貶低。這些人其實是典型的外強中乾，他們的固執恰恰證明了他們並不是真正的強者，正因為心虛，所以才不肯服輸。

其實一個有內涵、有實力的人也不一定永遠站在最高峰。忘記曾經的成功、曾經的輝煌，正視現實，這樣的人即使退居幕後，人們幫予他們的仍然是掌聲和鮮花。

用低姿態化解嫉妒

嫉妒是人性的弱點之一，只不過有的人會把嫉妒表現出來，有的人則把嫉妒深埋在心底。嫉妒是無所不在的，朋友之間、同事之間、兄弟之間、夫妻之間、父子之間，都有嫉妒存在。而這些嫉妒一旦處理失當，就會形成足以毀滅一個人的烈火，特別是發生在朋友、同事間的嫉妒情緒，對工作和往來更會造成麻煩。

朋友、同事之間嫉妒的產生有多種情況。例如：「他的條件不見得比我好，可是卻爬到我上面去了。」「他和我是同班同學，在校成績又不比我好，可是竟然比我成功，比我有錢！」在工作中，如果你升遷了、受到上司的肯定或獎

賞、獲得某種榮譽，那麼你就有可能被別人嫉妒。女人的嫉妒會表現在行為上，說些「哼，有什麼了不起」或是「還不是靠拍馬屁爬上去的」之類的話。但男人的嫉妒通常藏在心裡，有的藏在心裡就算了，有的則明裡暗裡跟你作對，表現出不合作的態度。

因此，當你一朝得意時，應該想到並注意到的問題是：

同部門之中有無比我資深、條件比我好的人落在我後面？因為這些人最有可能對你產生嫉妒。

觀察同事們對你的「得意」在情緒上產生的變化，可以得知誰有可能在嫉妒。基本上，有了嫉妒之心的人，在言行上都會有些異常，不可能掩飾得毫無痕跡，只要稍微用心，這種「異常」就很容易發現。

而在注意這兩件事的同時，你應該盡快在心態及言行方面做如下調整：不要凸顯你的得意，以免刺激別人，徒增別人的嫉妒情緒，或是激起其他更多人的嫉妒，你若洋洋得意，那麼你的歡欣必然換來苦果。

把姿態放低，對人更有禮，更客氣，千萬不可有倨傲侮慢的態度，這樣就可在一定程度上降低別人對你的嫉妒，因為你的低姿態使某些人在自尊方面獲得了滿足。

在適當的時候顯露你無傷大雅的缺點，例如不擅長唱歌、外文很差等，以便讓嫉妒者的心中有「畢竟他也不是十

全十美」的幸災樂禍的滿足。

　　和所有嫉妒你的人溝通，誠懇地請求他的幫助和配合，當然，也要指出並讚揚對方有而你沒有的優點，這樣或多或少可消弭他對你的嫉妒。

　　遭人嫉妒絕對不是好事，因此必須以低姿態來化解，這種低姿態其實是一種非常高明的處世技巧。

　　同時，一個放低自己身段的人，還能化解自己內心對別人的嫉妒。

用低調對待敵意

　　當你受到攻擊時，你會怎樣反應呢？激烈對抗？避開鋒芒？適度還擊？一走了之？通常，你可能會因為理直氣壯而強烈回擊。你的這種行為有時是適合的，有時則未必。這是因為，強烈回擊有時有好的結果，有時卻會出現壞的結果。人活在世上，總是處在各種各樣的矛盾之中。因為原則和利益，以及其他各種很偶然的原因，可能會常常受到不友善甚至敵意的對抗和算計，如果 —— 個人對此太介意，他便有可能在人群中一分鐘也過不下去；如果一個人對此時時還擊，他便有可能一年四季都相當辛苦。這其實是不必要的，也是不明智的。因此，人沒有必要和對手採取一致的方式反擊，而應該採取低調策略化解衝突和敵意。這樣，既顯得你大

度，又減少了自己不必要的時間、精力和其他可能的損失。在人生中，讓自己保持──個豁達、開朗、輕鬆的心態，不是更好嗎！

物理定律表明，作用力有多大，反作用力也有多大。反抗也是如此，你有多麼激烈，對方也會有多麼激烈。

低調對待敵意，不激烈還擊，這不但可以避免「敵意」的升級，而且還能為自己留下轉圜的餘地。你和對方激烈還擊，對方又會更強勁地回應，鬥爭便會白熱化，甚至達到你死我活的地步。這樣，有限的敵意無限放大了，小的災禍變大了，尤其對於非原則、非利益的矛盾，這種結果就太沒有必要了。

低調對待敵意，並不是膽小怕事、逃跑和不顧己方的原則和尊嚴，而是要避免把自己捲入更大的災禍中。只要對方的攻擊對自己不能造成致命的損害，就沒有必要做過分的反應。只要對方的攻擊可以被控制在一定的範圍以內，就可以低調對待它們，不把它們當做大不了的事情。通常單方面的不對抗和放棄對抗，能從根本上消解對方的鬥志，讓他們找不到能攻擊的地方，這也會降服對方。再說，世界上的事情都是有前因後果的，敵意並不會完全沒有原因，我們也要虛心待人，努力發現產生敵意的原因，從根本上消解它。這樣，我們就能生活得平安而愉快。

第十一章 低調行事的人很少衝動

第十二章
因為明白，所以糊塗

「大知閒閒，小知間間，大言炎炎，小言詹詹。」——
莊子

「古來大聖大賢，寸針相對；世上閒語，一筆勾銷。」——
陳繼儒

「大音希聲，大象無形。」—— 老子

　　喜歡衝動的人，大抵是所謂的「明白人」──至少他們自己是這樣認為的。在《紅樓夢》中，賈雨村進入智通寺時，在門前看到一副破舊對聯：「身後有餘忘縮手，眼前無路想回頭。」這無疑是一句睿智的醒世良言，想必寺裡住著的是一個「翻過筋斗來的」明白人，可當賈雨村進寺門後，他看到的不是一個容貌端詳、白髮飄飄、言語睿智的高僧，而是一個「既聾且昏，齒落舌鈍，所答非所問」的煮飯老僧。這個老僧看上去是個明顯的糊塗之人。

　　其實，世道之中，誰又能分得清哪個是明白，哪個是糊塗？有時，當我們指出一些真相，以表明自己是一個明白之人時，會有人當頭棒喝：「你怎麼這麼糊塗！」佛家歷來有「當頭棒喝」之頓悟，凡人如我，被「棒喝」多了，自然也有些開悟：原來，有時候，清醒與明白其實就是一種糊塗；而糊塗，有時候又何嘗不是一種明白？於是，也就有了所謂的「聽而不聞，視而不見」。

　　人生在世，熱熱鬧鬧在眼前，紛紛擾擾於心中，看那麼細緻做什麼？要想那麼清楚幹什麼？水自漂流雲自閒，花自零落樹自眠，不如就著糊塗下酒，從熱鬧紛擾中抽身而出，不為利急，不為名躁，不激動，不衝動，進退有據，左右逢源。

有一種聰明叫糊塗

聰明的反義詞是糊塗，因此，通常人會認為聰明與糊塗之間是一種不可協調的狀態，他們之間沒有共通，也無轉換的可能。其實，這種觀點是片面的。糊塗在很多時候也是一種聰明。人不是神，誰又能完全駕馭這個世界？所以，人是有局限的，在某些場合就必須放棄自己的聰明，順其自然，偶爾裝傻。

所謂「聰明一世，糊塗一時」，就是一些聰明人在吃了大虧、做了後悔事時的口頭禪。糊塗和聰明是兩種不同的人生態度。聰明人依仗自己的聰明，處處試圖搶占先機，生怕自己吃了虧，落於人後。為維護自己的利益，搞得自己像個鬥雞一樣。而糊塗人卻懂得收斂鋒芒，遮掩了智慧，麻痺對手，只在關鍵時候出手。

先哲老子就極為推崇「糊塗」。他自稱「俗人昭昭，我獨昏昏；俗人察察，我獨悶悶」。而作為老子哲學核心範疇的「道」，更是那種「視之不見，聽之不聞，搏之不得」的似糊塗又非糊塗、似聰明又非聰明的境界。

清朝畫家鄭板橋有一方閒章，曰「難得糊塗」，這四個字一經刻出，便立刻成了很多人津津樂道的座右銘。彷彿有許多人生的玄機一下子從這四個字裡折射出了哲學的輝光。糊塗者，並非整天渾渾噩噩，無所作為的庸者，而是疏朗豁

達，自由無羈的高士。

糊塗不是人人都做得到的，只有那些能讓自己快樂的人才能做得來。懷有糊塗的胸懷，便有了閒雲野鶴般的優遊。糊塗是一種不斤斤計較，不吹毛求疵的大度；糊塗是一種超脫物外，不累塵世的高潔；糊塗是一種行雲流水，無欲無求的瀟灑。千萬不要小看了糊塗，它能讓你少受許多人生的爭鬥，享受到內心自由的灑脫生活。

不過，大事當頭，切莫糊塗！抓住機遇，才能使糊塗有所價值。這也就是所謂的「糊塗一世，聰明一時」。其實他們才不是真的糊塗，他們只是因為看清了、看透了、明白了，聰明到了極致，在俗人的眼裡成了糊塗而已。

聽而不聞，視而不見

在京劇《宰相劉羅鍋》中，乾隆皇帝微服私訪，莫名其妙牽扯上了命案，被打入江寧大牢。得知皇上入獄的江寧知府劉墉感到為難了，對皇帝審也不是不審也不是。因為審的話，容易冒犯了皇上的尊顏，若龍顏大怒的話，劉墉小命難保不說，誅滅九族的禍事都有可能；而不審的話，難免為皇上留一個不勤政的印象，同樣風險不小。怎麼辦？劉墉最後想了一個辦法：秉燭夜審。在黑漆漆的大牢裡點上一支蠟燭，微弱昏暗的燈光下審問與被審問的雙方彼此都看不清。這

樣，既照顧了皇上的臉面，又盡到了地方官應該盡的職責。

在昏暗的燈光下，江寧知府劉墉聽而不聞，視而不見，這時的乾隆當然也從這怪異的審判方式中明白了緣由，但他也聽而不聞，視而不見。你糊塗來我糊塗去，在昏暗的燈光下兩人人相安無事，皆大歡喜。

在皇權至上的封建社會，人們需要「看不清」、裝傻。在社會清明的今天，我們同樣需要學習一些「看不清」的糊塗術。即使是太陽下也會有陰暗的角落，人身邊的世界不可能總是那麼乾淨明亮，凡事看得很清楚，心中難免產生痛苦、壓抑。當一個人碰到感情和理智交戰的時候，常會發現越是清醒，就越是痛苦。因此，有時候對於一些人和事「真是不如乾脆糊塗一點好」。一時的糊塗，人人都有，永遠的糊塗就會成為笑話。有一句名言說道：「智者與愚者都是一樣的愚蠢，其中差別在於愚者的愚蠢，是眾所周知的，唯獨自己不知覺，而智者的愚蠢，是眾所不知，而自己卻十分清楚的。」

裝傻，既是處世的聰明，又是需要勇氣的。很多人一事無成，痛苦煩惱，就是自認為自己聰明，而又缺乏「裝傻」的勇氣。當然，在人生的長河中，或者在一些具體的人和事上，裝傻，並不是阿Q式的自我滿足，自我麻醉，自我欺騙。在糊塗與清醒之間，在糊塗與聰明之間，隨時隨地都要注意掌握應該有的分寸，即知道自己何時該聰明，何時該糊

塗。該糊塗的時候，一定要糊塗；而該聰明、清醒的時候，則不能夠再一味地糊裡糊塗，一定要聰明。如此一來，必能左右逢源，不為煩惱所擾，不為人事所累。

在我們身邊，無論同事、鄰里之間，甚至萍水相逢，不免會產生摩擦，引起煩惱，如若斤斤計較，患得患失，往往就越想越氣，這樣很不利於身心健康。如做到遇事糊塗些，自然煩惱會少得多。

人生在世，常言道：「不如意事常八九，可與人言無二三。」天地間，立人處事，總有許多盤根錯節，即便胸中有萬丈光芒，能夠展現出來的也不過只有些微光亮。於是，俯仰之間，總覺得被限制著，好如同那鄭板橋，硬著頭皮做清官、好官，卻屢屢遭貶、被逐，無奈擲印辭官，彈掉幾兩烏紗，自抓一身搔癢，自討兩分糊塗下酒，於是，身心俱輕。正是：「行到水窮處，坐起看雲時。」此一糊塗，人生境界頓開，先前捨不下的成了筆底煙雲；先前弄不懂的成了淋漓墨蹟。因此，你不得不承認糊塗是一種智慧，猶似霧裡看花、水中望月，徑取朦朧捂眼，而心成閒雲。

有一則寓言說，在一座高山的山坡上，豎著一棵大樹的殘軀，它已有四百多年歷史。在它漫長的生命裡，被閃電擊中過十四次，無數的狂風暴雨襲擊過它，它都巍然不動。最後，一小隊甲蟲卻使它倒在了地上。這個森林巨人，歲月不

曾使它枯萎，閃電不曾將它擊倒，狂風暴雨不曾使它屈服，可是，卻在一些可以用手指輕輕捏死的小甲蟲持續不斷的攻擊下，終於倒了下來。

這則寓言告訴我們，人們要提防小事的攻擊，要竭力減少無謂的煩惱，要「糊塗」，否則，小煩惱有時候是足以讓一個人毀滅的。我們活在世上只有短短的幾十年，不要浪費許多無法補回的時間，去為那些很快就會被所有人忘了的小事煩惱。生命太短促了，在這一類問題上糊塗一些吧，不要再為小事垂頭喪氣。

徹底超脫了，大家就以為他是傻子

明代政治家呂坤以他豐富的閱歷和對歷史人生的深刻洞察，寫出了《呻吟語》這部奇書。書中說了一段十分精闢的話：「精明也要十分，只須藏在渾厚裡作用。古今得禍，精明者十居其九，未有渾厚而得禍者。今人之唯恐精明不至，是所以為愚也。」

呂坤的意思是說，人的腦子是一筆財富，關鍵在於使用方法。財富可以使人過得很好，也可以毀掉一個人。凡事總有兩面，好的和壞的，有利的和不利的。真正聰明的人，他的聰明總是深藏不露，不到關鍵時不會輕易使用。做人一定要貌似愚鈍，讓人家不對你眼紅。一味地耍聰明，其實是笨蛋。因為那

205

往往是招災惹禍的根源。無論是從政，是經商，是做學問，還是治家務農，都不能耍小聰明，給了人太精明的形象。

　　精明的人，無非是懂得耍點小聰明罷了。小聰明從來就不能稱之為智，充其量只是一些雕蟲小技而已。這些雕蟲小技可以讓人逞一時之能，但最終會禍及自身。《紅樓夢》中的王熙鳳，「機關算盡太聰明，反誤了卿卿性命」，也就是說聰明反被聰明誤。

　　太精明的人往往工於心計，擅於撥弄自己的小算盤，卻不肯推己及人地為別人著想。事實上，人與人之間的利益存在著不少交集，交集的部分屬於你也可以屬於他，你若全部算計著幫了自己，誰會那麼寬宏大量？這種情況之下，比你更精明的人一定會反過來算計你，令你「算來算去算自己」。和你同等精明的人也不甘示弱，和你鬥法，鹿死誰手暫時不談，傷身耗神。而不如你精明或不屑於精明的人，他們中了你的算計，但人家也不傻，惹不起你還躲不起你？勞心勞力，遍體鱗傷，眾叛親離 —— 這種下場和你所得到的利益相比，孰重孰輕，不言自明。

　　其次，太精明的人通常也是一個斤斤計較的人，總是鑽進一事一物的糾纏之中，看重「小利」而忽視「大利」，斤斤計較卻不知輕重，機關算盡而本末倒置。為了眼前的一塊錢，錯失將來的一千塊錢，這難道不是最愚蠢的嗎？

再者，太精明的人會過得很累。他們總是處處擔心、事事設防、時時警惕、小心翼翼地過日子。別人很隨意說的一句話，做的一件事，也許沒有什麼目的，但過於精明的人就會敏感地「察覺」出什麼。等到晚上回到家裡，躺在床上也要細細琢磨，生怕別人有什麼計策會使他吃虧。這樣一來，他在處理人際關係上就顯得不誠實，不大方，甚至很假。因此，我們碰到的許多生活中的精明者，性情不開朗，惺惺作態，神經過敏。

不要有小聰明，要有大智慧。只有大智才是人生的依靠，只有大智才能使人伸展自如。那麼究竟要怎樣才稱得上大智？蘇東坡在〈賀歐陽少師致仕啟〉中，欽佩歐陽脩的「大勇若怯，大智如愚」。而在這封書信之前的一千五百多年前，老子早就有過類似的看法。在《老子》第四十五章中，我們可以看到「大直若屈，大巧若拙，大辯若訥」的表述。

有些人，越活越透澈，徹底超脫了，大家都以為他是傻子了；有些人，越活越糊塗，所以越看越精明了。

心中太超脫了，就犯傻了，再糊塗一些就明白了，再明白一些，又真糊塗了。真糊塗了，那才是真明白。「難得糊塗」是一劑處惑之良藥，直切人生命脈。按方服藥，即可貫通人生境界。所謂一通則百通，不但除去了心中的滯障，還可臨風吟唱、拈花微笑、衣袂飄香。

不必鑽牛角尖

　　每個人都生活在社會中，有人的地方自然會有爭端。有了分歧，很多人就喜歡爭吵理論，非辯個是非曲直不可。其實這種做法很不明智，吵架又傷和氣又傷感情，不值。不如大事化小，小事化無。俗話說家和萬事興，推之，人和也萬事興。人際往來中千萬不可太認死道理，必要的時候，裝傻對人對己都有利。

　　總聽人說：「活得太累！」這是一種壓抑、煩躁、鬱悶的心理情緒的表露和發洩，表明某些人的確活得累、活得慌。

　　究其「累」的原因，主要還是事事鑽牛角尖，缺乏「糊塗」意識。談東西，你要把人家的生辰八字問個徹底；做父母，你要把別人給兒女的信都拆開檢查；當主管，你連員工上廁所也要跟去看一看；別人說句話，你要考慮半天，總想從中琢磨出「言外之意」。總之，事無鉅細，你都要細細考究一番。結果呢？有人說大人物都是不拘小節，此話不無道理。

　　「水至清則無魚，人至察則無友。」一個人太認真了，就會對什麼都看不慣，連一個朋友都容不下，把自己與社會隔絕開。鏡子很平，但在高倍放大鏡下，就成凹凸不平的山巒；肉眼看很乾淨的東西，拿到顯微鏡下，滿目都是細菌。試想，如果我們戴著顯微鏡生活，恐怕連飯都不敢吃了。再用

放大鏡去看別人的毛病，恐怕那傢伙是罪不可赦、無可救藥。

人非聖賢，孰能無過？與人相處就要互相諒解，常常以「難得糊塗」自勉，求大同存小異，有度量，能容人，你就會有許多朋友，且左右逢源，諸事遂願；相反地，「明察秋毫」，眼裡容不下半粒沙子，過分挑剔，什麼雞毛蒜皮的小事都要分得涇渭分明，容不得別人，人家也會躲你遠遠的，最後，你只能關起門來，成為使人避之唯恐不及的異己之徒。古今中外，凡是能成大事的人都具有一種優秀的特質，就是能容人所不能容，忍人所不能忍，擅於求大同存小異，團結大多數人。他們極有胸懷，豁達而不拘小節，大處著眼而不會目光如豆，從不斤斤計較，糾纏於非原則的瑣事。

不過，要真正做到不鑽牛角尖，也不是簡單的事，需要有良好的修養，需要有善解人意的思維方法，能從對方的角度考慮和處理問題，多一些體諒和理解。比如，有些人一旦做了官，便容不得下屬出半點差錯，動輒怒目相對，屬下畏之如虎，時間久了，必然累積怨氣。想一想天下的事並不是你一人所能包攬的，何必因一點點毛病便與人嘔氣呢？若調換一下位置，設身處地為對方著想，也許一切都會迎刃而解。

該清楚的不能糊塗，該糊塗的也不可清楚。記得一位社運家談演講的體驗時說，當你越是清楚地意識到臺下都是些專家、學者等權威時，你演講才能的發揮就越會受到限制；你越

是淡化這種意識，你的才能就越能得到充分發揮。這就好比有的著名運動員在臨場時，越是擔心成敗反而越會一敗塗地。

清官難斷家務事，在家裡更不要鑽牛角尖，否則你就愚不可及。老婆孩子之間哪有什麼原則、立場的大是大非問題。都是一家人，非要分出個對和錯來，又有什麼用呢？人們在團體、社會上充當著各種各樣的社會角色，恪盡職守的國家公務員、精明體面的商人，還有廣大工人、員工，但一回到家裡，脫去西裝革履，也就是脫掉了你所扮演的這一角色的「行頭」，也就是社會對這一角色的規矩和種種要求、束縛，還原了你的本來面目，使你盡可能地享受天倫之樂。假如你在家裡還跟在社會上一樣認真、一樣循規蹈矩，每說一句話、做一件事還要考慮對錯，顧忌影響、後果，掂量再三，那不僅可笑，也太累了。所以，處理家庭瑣事要採取「大事化小，小事化了」的方針，當個笑口常開的和事佬。

人與人的往來免不了會產生矛盾。有了矛盾，平心靜氣地坐下來交換意見，予以解決，固然是上策，但有時事情並非那麼簡單，因此倒不如糊塗一點的好。糊塗可幫人們帶來許多好處。

一則，可以減去生活中不必要的煩惱。在我們身邊，無論同事、鄰居，甚至萍水相逢的人，都不免會產生摩擦。若斤斤計較，患得患失，往往越想越氣，這樣於事無補，於身

體也無益。如做到遇事糊塗些，自然煩惱就少得多。我們活在世上只有短短的幾十年，卻為那些很快就會被人們遺忘了的小事煩惱，實在是不值得的。

二則，糊塗可以使我們集中精力於事業。一個人的精力是有限的，如果一味著眼於個人待遇、名利、地位上，或把精力白白地花在勾心鬥角、玩弄權術上，就不利於工作、學習和事業的發展。世上有所建樹者，都有糊塗功。清代「揚州八怪」之一鄭板橋自命糊塗，並以「難得糊塗」自勉，其詩畫造詣在他的「糊塗」當中達到一個極高的水準。

三則，糊塗有利於消除隔閡，以圖長遠。《莊子》中有句話說得好：「人生地之間，若白駒之過隙，忽然而已。」人生苦短，又何必為區區小事而耿耿於懷呢？即使是「大事」，別人有愧於你之處，糊塗些，反而感動人，從而改變人。

四則，遇事糊塗也可算是一種心理防禦機制，可以避免外界的打擊對本人造成心理上的創傷。鄭板橋曾書寫「吃虧是福」的字帖。其下有云：「滿者損之機，虧者盈之漸。損於己所彼，外得人情之平，內得我心之安。既平且安，福即在是矣！」正是基於此念，才使得鄭板橋在罷官後，騎著毛驢離開官署去揚州賣書。自覺地使用各種心理防禦機制，可以避免或減輕精神上的過度刺激和痛苦，維持較為良好的心境，可以避免精神崩潰。

人活一世，草木一秋，誰不願意自己活得自然、自由、自在呢？誰不願意自己生活得瀟灑、輕鬆、愉快呢？誰不願意自己事業蓬勃、財運亨通呢？誰不願意自己成為別人羨慕的人呢？那麼，學習一下「糊塗經」吧。

學會健忘好處多

記憶就像一本獨特的書，內容越翻越多，而且描述越來越清晰，越讀就會越沉迷。有很多人為記憶而活著，他們執著於過去，不肯放下。還有一些人卻生性健忘，過去的失去與悲傷對他們來說都是過眼雲煙，他們不計較過去，不眷戀歷史，不歸還舊帳，活在當下，展望未來。

健忘人生未嘗不是一種幸福。因為人生並不像期望的那麼充滿詩情畫意，那麼快樂自在。人生中有許多苦痛和悲哀、令人厭惡和心碎的東西，如果把這些東西都儲存在記憶之中的話，人生必定越來越沉重，越來越悲觀。實際上的情景也正是這樣。當一個人回憶往事的時候就會發現，在人的一生中，美好快樂的體驗往往只是瞬間，占據很小的一部分，而大部分時間則伴隨著失望、憂鬱和不滿足。

人生既然如此，健忘有什麼不好呢？它能夠使我們忘掉幽怨，忘掉傷心事，減輕我們的心理重負，淨化我們的思想意識；可以把我們從記憶的苦海中解脫出來，忘記我們的罪

蘗和悔恨,利利索索地做人和享受生活。

　　那麼,我們在生活中要學會忘記什麼呢?一要忘記仇恨,一個人如果在頭腦中種下仇恨的種子,夜裡夢裡總是想著怎麼報仇,他的一生可能都不會得到安寧。二要忘記憂愁,多愁善感的人,他的心情長期處於壓抑之中而得不到釋放。愁傷心,憂傷肺,憂愁的結果必然多疾病。《紅樓夢》裡的林黛玉不就是如此嗎?在我們生活中,憂愁並不能解決任何問題。三要忘記悲傷,生離死別,的確讓人傷心。黑髮人送白髮人,固然傷心;白髮人送黑髮人,更叫人肝腸寸斷。一個人如果長時間的沉浸在悲傷之中,對於身體健康是有很大影響的。與憂愁一樣,悲傷也不能解決任何問題,只是幫自己、幫別人徒添煩惱。逝者長已矣,存者且偷生。理智的做法是應該當學會忘記悲傷,盡快走出悲傷,為了別人,也為了自己。

　　「人生不滿百,常懷千歲憂」,有何快樂可言?生活中有些事是需要忘記的。在生活中會「健忘」的人才活得瀟灑自如。當然,在生活中真的健忘,丟三落四,絕非樂事。我們說學會「健忘」,是說該忘記時不妨「忘記」一下,該糊塗時不妨「糊塗」一下。

 第十二章　因為明白，所以糊塗

第十三章
大聲地向壞心情說拜拜

「身是菩提樹，心如明鏡臺；時時勤拂拭，勿使惹
塵埃。」── 神秀

「牙齒痛的人，想世界上有一種人最快樂，那就是牙齒
不痛的人。」── 蕭伯納（George Bernard Shaw）

第十三章　大聲地向壞心情說拜拜

不知你有沒有注意過，當我們心情很糟糕時，最容易做出一些不理智的事情來。也許是狂喝酒，爛醉如泥；也可能因為小事情，就和別人大打出手；甚至，有些極端的人會做出自殘以及自殺的蠢事。

心情不好，是我們衝動的藉口。我們企圖透過衝動來發洩內心的不快。然而事情的發展往往並不能如願。簡單粗暴地發洩，帶來的常常是沉痛的後果，並因此而讓心情更加糟糕。

壞心情是一種具有破壞性的病毒，毒害我們的心靈，誤導我們的判斷，左右我們的行為。在壞心情的氛圍中，我們的世界走樣，蒙上一片灰色。我們必須堅決地和壞心情劃清界限。

也許有人會說：誰會希望自己心情不好呢？可是，外界所帶給我的種種不如意，使我的心情就是好不起來。

是的，我們生活的世界，總是會有不如意。但是，你改變不了外界，也不能改變自己嗎？心情的好與壞，很多時候只是一種選擇：你選擇戴上樂觀的眼鏡，你所看到的世界就會寬闊明亮；反之，你若選擇戴上悲觀的眼鏡，你的世界將是黑暗狹窄。

如果你感到煩躁

前兩天跟一個朋友吃飯，在飯桌上，他說：「我近來真是煩透了。那天一早開車出門，眼看著別人都是綠燈，就只有我是一路紅燈，走到哪裡紅燈就跟到哪裡，真是夠倒楣的！」

他繼續說：「中午出去買自助餐，結果大排長龍，好不容易快輪到我了，這時居然有個人冒出來插隊，公理何在？於是我站出來，狠狠訓了他一頓。」

他還沒說完：「晚上跟朋友吃飯，吃完後要拿停車券去蓋免費章，結果服務員說我們消費少於兩百五十元，因此不能蓋章，氣得我當場拍桌子大罵。」

他說了半天還沒說完：「晚上回到家，一進門太太就嘮叨，小孩又哭又叫，連在家也不能清靜。好不容易到睡覺時間，終於可以結束這令人難受的一天，沒想到一上床，床頭櫃的燈怎麼也關不掉，我這下可是受夠了，把拖鞋一把抓起，往燈泡那兒重重甩去，這才結束了一天。」

—— 聽起來的確很慘！

不知道你是不是也覺得，最近比較煩、比較煩、比較煩呢，就像周華健那首歌所唱的一樣。只要一早開始不太順心的話，往往接下來一天就毀了。

為什麼會如此呢？這是因為，負面情緒是有累加效果的。

也就是說，每多一個小挫折，就會讓我們的抗壓功力多扣一點。因為當我們遭遇不順心的事，而心情跟著煩躁起來時，身體內與壓力相關的激素也會隨之異常分泌，因此會影響到接下來的挫折忍受度，就好像溫度直線上升的熱水，越燒越接近沸騰點。

　　這也就說明了為何一大早出了些狀況後，原本可能要到「煩人指數」十分的事才會惹急我們，但這下只要再出現個「煩人指數」三分的狀況，我們就會轟然一聲，開始發飆，而無辜的旁人就倒楣啦！

　　正因情緒有如煮開水的累加效果，所以在生活中我們必須審慎處理每一個壓力狀況，而改變這種狀況的有效做法，則是在負面情緒一開始加熱時，就能主動地意識到「有狀況了」，然後告訴自己，得快快關火，以免越燒越旺，一發不可收拾。

　　事實上，當你能夠覺察到出現這種狀況時，就已經關掉一半的火力了，接下來情緒自然就不易失控。

　　為了避免讓煩躁的情緒像煮開水那樣越煮越熱，防患於未然的工作就顯得特別重要。

　　不妨準備一些調整情緒的口頭禪，在自己情緒快要沸騰時，趕快把這些自制的情緒口訣拿出來提醒自己。跟你分享我自己的情緒口訣：「心情最重要，別的死不了。」

「心情最重要，別的死不了。」如果今天碰到了有些怪怪的人，或發生了令人不快的事，就趕緊在心裡暗念這句口訣，重複幾次之後，煩躁不安的情緒就能得到緩解。此外，研究也發現，重複想著同一念頭，會讓意念集中，而減少焦慮不安。

憤怒是衝動的導火線

憤怒是快樂的反面，它也是一種典型的壞情緒。毋庸置疑，很多時候我們的衝動是在憤怒的支配下發生的。人有七情六欲，憤怒是客觀存在的，但是如果任其發展，不懂節制，掌握不住維繫它的繩索，也會釀成悲劇。

我們生活的這個時代，的確是個「憤怒」時代。儘管沒有具體的統計資料，但只要看看周圍的人們為了一件交通事故爭吵，在買東西時因一句話而互相叫罵。更糟的是，這種過多的怒氣甚至導致命案的發生。現今類似的犯罪案例多得令人咋舌。爭吵打架應該說是生活中的常見現象，但今天的這種現象卻比以往更多且廣泛。總結原因大概是人們因狹小的世界將彼此包圍得透不過氣來，每個人都缺乏安全感，但又對此在一定程度上感到無能為力，並開始懷疑是否有人能解決這些問題。於是，人們就氣憤起來。在這種壞情緒中，怒氣就常常自然而然地爆發了。

此外，現代社會緊湊的生活步調使人們彼此之間的接觸與交流日益減少。生活不再是明朗透澈，而是令人感到茫然且無所適從。新思想、新觀念幫人們的行為模式帶來種種變化，不論是道德的或是政治的，讓人們一下子難以全盤消化及接受。另一個問題是：用來指導人們約束自己倫理的機構，如家庭、學校、社會等，也失去了昔日權威的地位，相反地，在許多家庭裡，電視成了年輕人人行為準則的導師，他們從電視常常播出的恐怖、暴力影片中得到了一種荒謬而危險的觀念，以為解決問題的唯一辦法就是憤怒相向。

我們應該盡力抵制這種傾向，教導自己如何去處理問題，如何有耐心地把話講完，如何控制自己的衝動。如果我們為人父母，那我們在教導孩子們自由地表現自己的同時，也一定要進行責任感的養成。千萬不能讓壞情緒走向了悲劇。

憤怒是人們正常的心理情緒，在某種場合下，適當地把它表露出來是有好處的。不然的話，憤怒鬱積在心裡就會導致情緒崩潰。我們要控制的是過度的憤怒，因為它是有害的。人生來就有一種對外來干擾進行野性反應的本能，如果你阻礙一個兩歲孩子的行為，他就會抓你、咬你。當然，成人的忍耐力也是有限的。比如，一個個性比較沉穩的人，但有一次由於航班的延誤，致使他和他的家人分隔兩地，在機場大廳裡，他對管理人員大發脾氣。由於他的強硬態度，問

題多少得到了一些解決。這使我想起，有時候當你有理的時候，適時地發脾氣倒是蠻有效的。

哪一類人最容易發怒呢？答案是青少年。因為他們思想還沒有完全成熟，他們還不知道自己的歸屬，所以容易輕浮躁動。

面對這些令人心煩意亂及怒氣衝天的瑣事，我們如何才能控制自己的憤怒呢？以妥善的辦法來解決問題可以避免憤怒和難堪的產生。許多人由於沒有將自己的生活安排周全而遇到了麻煩。例如，你去火車站搭乘火車時，至少應該幫自己預留一個小時的緩衝時間，而不是在最後幾分鐘內氣喘如牛地跑上月臺。這樣，你就不會在半路上因塞車而大發脾氣，這是你控制自己發怒的第一步。

第二步，你應該知道，有時候自己對問題的反應是不恰當的，這時，你就要採取其他方式去控制局勢。我們在大動肝火中抑制住自己，然後以做其他事情的方法來轉移注意力，使自己的心理恢復平衡，為鬱積的憤怒尋找恰當的宣洩途徑，這是非常重要的。例如散步或打網球就是消愁解悶的好辦法，在你散步一會兒後，原來許多使你頭痛的問題，就會迎刃而解了。

這些途徑同時適用於那些較長久的關係，諸如婚姻等。如果你是天生穩重的人，並且在你引起爭吵後不讓對方難

堪，那麼繼續保持你的沉默是很有效的。從長遠的觀點來看，如果夫妻之間能加強相互之間的對話和共同解決問題的溝通管道，那是很有益處的。最好能事先設計好解決意見分歧的方式，而不要在事情發生時失去控制，造成彼此的隔閡。用同樣的方法也可以避免家長與子女之間的糾紛。

同時，在家庭之外，我們亦可採取相關的措施來減少因過度憤怒而導致的衝動。除了前面介紹的以外，最有效的方法之一，就是每個人都不要把生活中追求的目標定得過高。我們不應該保持這樣的觀念：拚命做，你就會爬到頂點。新的觀念應該是：你盡最大的努力工作，也不一定就能實現你所追求的最高目標，更何況我們的一切還受到各種現實條件和機制的制約。只有當自己的生命走到盡頭，回過頭來總結自己的一生時，自己不會因虛度年華而悔恨，不因碌碌無為而痛悔，只要你做了自己應該做的一切，盡了自己應該盡的那分綿薄之力，你的一生就是非常有意義且快樂而充實的。那種認為一定要做出一番轟轟烈烈的大事業才算不枉此生的想法，是不正確的。依我的個人淺見，社會精神道德水準不再是、相對地也永遠不會是一個不斷擴展的社會了，我們應該調整對現實的價值觀念——承認一切善良樸實、努力工作的底層人和領袖人物一樣，都是生活中成功的佼佼者。

看到那麼多使社會騷動不安、不合理的事情，任誰都會

感到憤怒。但是，心中總是充滿這樣的情緒也有問題。隨著憤怒的念頭增加，變成負面的情緒輸入潛意識中，那麼這個人的衝動就難以避免了。

化憤怒為動力

美國汽車大王亨利‧福特曾經提到，自己之所以能有如此的成就，完全得益於一件小事。

在他還是一個修車工人的時候，有一次剛領了薪水，他興致勃勃地到一家高級餐廳吃飯。卻不料，年輕的亨利‧福特在餐廳裡呆坐了差不多十五分鐘，居然沒有一個服務生過來招呼他。

最後，還是餐廳中的一個服務生看到亨利‧福特獨自一人坐了那麼久，才勉強走到桌邊，問他是不是需要點菜。

亨利‧福特連忙點頭說是，只見服務生不耐煩地將菜單粗魯地丟到他的桌上。亨利‧福特剛打開菜單，看了幾行，就聽見服務生用輕蔑的語氣說道：「菜單不用看得太詳細，你只需要看右邊的部分（意指價格低）就行了，左邊的部分（意指價格高），你就不必費神去看了！」

亨利‧福特驚愕地抬起頭來，目光正好迎著服務生臉上滿是不屑的表情，當下亨利‧福特非常生氣。惱怒之餘，便不由自主地想點最貴的大餐；但轉念又想起口袋中那一點點

微薄可憐的薪水，不得已咬了咬牙，只點了一個漢堡。

服務生從鼻孔中「哼」了一聲，傲慢地收回亨利‧福特手中的菜單。口中雖然沒有再說話，但臉上的表情卻很清楚地讓亨利‧福特明白：「我就知道，你這窮小子，也只不過吃得起漢堡罷了！」在服務生離去之後，亨利‧福特並沒有因為花錢受氣而繼續羞惱。他反倒冷靜下來，仔細思考：為什麼自己總是只能點自己吃得起的食物，而不能點自己真正想吃的大餐。

亨利‧福特當下立志，要成為社會中頂尖的人物。

從此之後，他努力地朝夢想前進，由一個平凡的修車工人，逐步成為叱吒風雲的汽車大王。

人在憤怒當中，極易失去理智而做出衝動的傻事。福特的做法為我們樹立了一個學習的榜樣。其實，不光憤怒可以化為動力，嫉妒也可以化為動力。如果你嫉妒某人的才能與地位，不妨「見賢思齊」，這是具有正面意義的一種引導。

衝破憂鬱的厚繭

憂鬱如厚繭，而作繭自縛的還是我們自己。

一代巨星張國榮在二〇〇三年愚人節夜的自殺事件，讓許多朋友至今扼腕嘆息。關於張國榮自殺的原因眾說紛紜，但有一個不容置疑的原因，就是張國榮在一九八七年的自傳

中寫的：「記得早幾年的我，每逢遇上一班朋友聊天敘舊，他們都會問我為什麼不開心。臉上總見不到歡顏。我想自己可能患上憂鬱症，至於病源則是對自己不滿，對別人不滿，對世界更加不滿。」這是一個典型的憂鬱症患者的告白。其中的憂鬱心結竟然一結就是二十年，結局則是不堪忍受折磨而撒手人間。

憂鬱症竟能致人非命，這已不是危言聳聽。調查結果顯示，患了憂鬱症若不及時進行治療就可造成自殺，憂鬱症患者有一半以上曾有自殺的想法，其中有五分之一最終以自殺結束生命。在人生的旅途中，憂鬱襲來是不可避免的，可以避免的是憂鬱症，但患上憂鬱症的人大多數卻「身在病中不知病」，只有四分之一的患者知道身患此病。

這也從另一個角度告訴人們，如果不加以重視，憂鬱症的最終結果很可能就是自殺。

憂鬱情緒是人在失意時出現的負面反應。現代生活節奏的加快、壓力的增加、環境的惡化、自然災害及交通事故的頻發、失業的威脅，這些都是人們常常面對的精神刺激，這說明失意幾乎不可避免，憂鬱情緒隨時都會發生。短時間輕度憂鬱會使人的內臟神經和內分泌功能發生一定程度的紊亂，造成人體生理損害；長期的憂鬱情緒會使人體免疫功能總是處於低下水準，會誘發許多生理疾病，如心臟病、高血壓、偏頭痛、胃

潰瘍、糖尿病等，最嚴重的是患癌症的可能性明顯增加。憂鬱情緒也使這些疾病的治療難度加大，死亡率增加。

　　當人們遇到精神壓力、生活挫折、痛苦的境遇或生老病死等情況，理所當然地會產生憂鬱情緒。但憂鬱症則是一種病理性的情緒障礙，它和正常人的情緒是不同的。正常人的情緒憂鬱是以一定客觀事物為背景的，即「事出有因」的；而病理情緒憂鬱障礙通常無緣無故地產生，缺乏客觀精神應該激的條件。或者雖有不良因素，但是「小題大作」，不足以真正解釋病理性憂鬱症狀。普通人情緒變化有一定的時限性，通常是短期性的，透過自我調適、充分發揮自我心理防衛功能，即可重新保持心理平穩。而病理性憂鬱症狀常持續存在，甚至不經治療難以自行緩解，症狀還會逐漸加重惡化。醫學心理學規定通常憂鬱不應該超過兩週，如果超過一個月，甚至數月或半年以上，則肯定是病理性憂鬱症狀。前者憂鬱程度較輕，後者憂鬱程度嚴重，並且會影響患者的工作、學習和生活，使之無法適應該社會，影響其社會功能的發揮，更有甚者可出現自殺行為。憂鬱症可以反覆發作，每次發作的基本症狀大致相似，有既往史可查。

　　憂鬱症首先產生於一定的心理情結，這些解不開的心結最終導致憂鬱症愈來愈重，比如張國榮就是。患憂鬱症的人，盤繞他們心靈的往往是這些念頭 —— 無論我表現得如何

善良美好，我確實是壞的、惡的、無價值的、一無是處的、為自己和別人所不容的；我害怕別人，我恨他們，妒忌他們；生活是可怕的，而死亡卻更糟；過去我碰上的都是壞事，將來降臨到我頭上的也只有壞事；我不能原諒任何人，而最不能原諒的還是我自己……

其實，生活中焦慮、憂鬱、迷惘……充滿了人們日常生活及學習工作中的每一個空間，委屈、煩惱、嫉妒也時常伴隨左右。要想走出憂鬱的包圍，面對正面的人生，就必須先幫自己制定出現實可行的目標，以及逐漸建立自信心，讓陽光充滿你快樂的人生。

如果你能做那些自然而來的事情，而你對這些事情又有天然的才能，你就能很容易找到令你滿意的地方。而當你違反了自我意志，你可能要經受心理或情緒上的挫折。其實，這是對自己有過高期望的心理在作祟，同時，也因自己缺乏信心而更加不安，並造成表現更不理想。相反地，只要我們能平心靜氣地順其自然，憂鬱就會消失。

當人感到心神不寧，精神憂鬱時，不妨讓心靈小憩，鬆弛一下。

淋浴或浸浴除了可緩和緊張的情緒外，還有消除疲勞之功效。把浴室的燈光調暗一點，然後在溫熱的水裡浸上一二十分鐘，靜靜地感受疲倦的身體被溫水撫慰。在閉目養

神之餘，若播放一曲輕音樂，點燃一支有香味的蠟燭，更可加強輕鬆的情調。浸泡完後，用一條大軟毛巾把自己包裹起來，然後躺在床上，墊高雙腿休息。不論是古典音樂、民族音樂，還是流行音樂，都有助於緩解憂鬱的情緒。

如果你會彈鋼琴、吉他或其他樂器，不妨以此來對付心緒不寧。你不需要正襟危坐地練習，隨便彈奏即可，也不用太注意拍子和音準。

運動被列為最有效的鬆弛方法之一。你不用從事爬山等劇烈運動，只需要躺在運動墊上，花十分鐘做做伸展運動，讓四肢有舒展的機會。

你一定會有久未聯繫的親人，不妨寫一封信給對方，不僅可吐露、發洩一下自己的感受，同時也能讓對方在收信時驚喜一番。把信寄出後，你一定能體驗到那美妙的感覺。

種花栽草不僅提供幫你呼吸新鮮空氣的機會，也能有效地鬆弛緊張的心情。如沒有多餘的精力，僅幫花草澆水也能收到鬆弛身心之效果。假如沒有草地花園，可在室內養殖小盆花卉。

閱讀書籍可說是最簡單、消費最低的輕鬆消遣方式，不僅有助於和緩憂鬱情緒，還可使人增加知識和樂趣。

如果被一個問題煩擾了一整天，仍然沒有顯著的進展，最好不要去想它，暫時不做任何決定，讓這個問題在睡眠中自然地解決。

拋開痛苦的包袱

找了很多工作也沒有著落、在公司打拚了十年還在原地踏步、失戀、喪親……種種事件襲擊著我們，並成為痛苦的導火線。

痛苦是一種頑固的壞情緒。痛苦會使受害者處於一種極端的狀態，它有可能毀滅一個人。痛苦能打破一個人的心理平衡，使他陷入長期的內疚、憤怒、自責、苦難、沮喪以及悲慘和顧影自憐的孤獨之中。這個時候，痛苦是毀滅性的，它留給人們的是臉上的皺紋、心靈上的創傷，以及行為上的衝動。

痛苦也會影響到一個人的判斷力。它會使我們的生活處在混亂狀況之中，陷於痛苦中的人，難以像平常人那樣去對周圍的事物做出評判；難以像平常人那樣，去享受生活中的種種樂趣。因此，當你正處於失落、痛苦、悲傷時，千萬不要驚惶失措，不要被痛苦的可怕表象所嚇倒，以免自己的生活更加凌亂，一發而不可收拾。

在你面臨極大的悲傷與失落時，最好不要做出人生任何重要的決斷。除非環境需要或迫不得已時，也不要做出馬上搬家、換工作、再婚、購買新屋等生活中的重要決斷，因為處於悲傷中的人，判斷力往往不足，一旦你做了錯誤的判斷，又會導致你的壞情緒加重，形成可怕的惡性循環。

懊悔使生活不安，而已做出的選擇又無法收回，所以我們在悲傷中的選擇應該慎重一點！卡內基認為，人類有著高度的應變能力，卻也有限度，不可能無限制地適應。

有許多時候，你或許曾嘗試著用各種各樣的方法來戰勝像夢魘般困擾著你的痛苦，如請教心理醫生，尋求親人和朋友的幫助，但是在這一切努力之後，你的痛苦依然存在，你等待了一個星期，一切照舊；你等待了一個月、一年、兩年，但還是沒有改變什麼。你仍處於痛苦之中。

這個時候，你不應該灰心喪志，也不應該放棄努力，你應該樹立起這樣的想法：我要用信念和意志來戰勝痛苦。信念是一種巨大的力量，它能改變惡劣的現狀，為你帶來令人難以想像的圓滿結果。因為充滿信念的人是永遠不會被擊倒的，他們是人生的勝利者。

在你的個人經歷中也一定會有這樣的情況。例如，你或許不喜歡大塞車，但是你忍受了，因為你喜歡工作，你需要養活你的家庭。你或許不喜歡每天花十幾個小時全神貫注地閱讀課本，然而你卻這麼做了，因為你要透過考試，從而擴大你的就業前景。為了能夠和孩子們一起度過週末，你放棄了自己的社交活動。為了在足球隊爭得一席之地，你訓練舉重和跑步。你節省下來原本可以花在自己身上的錢，幫某人買昂貴的禮物等。

我們都會把時間、金錢、注意力以及精力投注在一件事情上，但在做這件事情時並不一定都感到愉快，有些只會令人不舒服而已，有的甚至讓人感到非常不愉快和痛苦。但不管怎樣，我們接受了這些痛苦，因為我們清楚，這些痛苦將把我們指引到更崇高的事業。

但是，我們不會無限期地聽從痛苦的擺布。我們能夠忍受痛苦的限度和將要達到目的的重要性之間是畫上等號的。若一個人甘願冒生命危險去得到一種滿足感，背後自有支持他這麼做的正當理由。如：為了把心愛的人從危險中拯救出來，而甘冒生命危險；戰時，許多人自願冒險去保衛他們的國家。

當然，家庭也好，國家也好，其促使人們忍受痛苦做出的犧牲還是有限度的。一個人願意為國家而犧牲自己的程度，取決於他是否認為這個國家值得他去做這種犧牲。信仰是一塊礁石，周圍是洶湧澎湃的大海，信仰是一個固定的點，周圍的一切都圍繞著它而轉動。一個認真的人，對信仰保持堅定不移的人，時時刻刻都準備好為自己的信仰去忍受痛苦。可見，每個人生活中的一言一行是由他的人生觀來決定的。

我們常看到周圍有些人深陷種種艱難困苦時，依然過得快樂而有自信。有些人更為了一種更高尚的目標，為了人類的未來，而不惜犧牲世俗的快樂；甚至為了人類的未來而遭

迫害也不在意。因此當我們選擇了信仰，也就選擇了一種承擔。我們克服壞情緒，是因為知道我們的信仰是正確的，我們是自願地去承受的。我們甘心經歷痛苦，是為了得到在我們一生中都不曾知道的更多益處。所有這些，就是用信念來治療痛苦的含義。

痛苦是一種毀滅自我的力量，但是痛苦也為我們提供了一個磨練的機會，儘管它使我們無法享受那種安逸的生活。有人曾說：「我相信，蒼天不會啟用尚未經歷過磨難的人。」的確，磨難使我們在蒼天面前成熟穩重起來，這是在安逸的生活中無論如何都做不到的。在與悲慘命運搏鬥的當下，我們會感覺到自己完完全全地處於高層次的意志之中。只有經歷過磨難的人，才能對生命有深刻的體認；也只有經歷過磨難的人，才能夠認真地履行他對人類的義務。

有堅定、強烈的生命意志的人是不會迴避痛苦的，相反地，他們會心甘情願地把痛苦當作是生活的饋贈。他們會懷著這樣的信念：即使人生是一杯苦酒，也要把它喝得津津有味；即使人生是一場悲劇，也要把它演得有聲有色；即使生活欺騙了自己，也要對生活懷著感激之心。有堅定生命意志的人，會從自身中尋找勇氣和決心，置痛苦於不顧，一如往常地堅持自己的目標。這種堅定不移的精神可以移山倒海，可以建立起一個帝國。

第十四章
沉著冷靜是強者本色

「遇不如意事，須恬靜忍耐以處之。若有一毫怨尤之意，變生出許多躁擾，不唯累心，亦且累事。」——夏錫疇

「天下大勇者，卒然臨之而不驚，無故加之而不怒。」——蘇軾

「靜而後能安，安而後能慮，慮而後能得。」——曾子

「處事大忌急躁，急躁則先自處不暇，何暇治事？」——《格言聯璧》

蘇軾在〈留侯論〉中寫：「天下大勇者，卒然臨之而不驚，無故加之而不怒。」大意是：一個真正的強者，在任何意外與變故面前都能做到不驚慌失措。

沉著冷靜是強者本色。相對來說，人們只要不是處在激怒、瘋狂的狀況下，較能保持自制並做出正確的決定。沉著冷靜不僅幫生活帶來幸福、穩定、暢快，而且能在大難臨頭時，幫助你逢凶化吉，轉危為安。我們不妨看看身邊那些有一定成就的人，哪一個不是沉靜之人？而那些動輒發怒的人，又有誰做出了一番成就？

「世事滄桑心事定，胸中還岳夢中飛。」世界上雖滄桑變化，我心已定，無論你怎麼變化，我心裡有數。的確如此，古今中外，凡是偉人，都有遇事不慌、沉著冷靜的特點，也只有這樣，我們才能正確地判斷局勢，應變局勢，取得成就。

理智來自於冷靜

有一位馴獸師講過這樣一個故事：他訓練過一隻獅子，平常這隻獅子十分溫順。可是有一天他進籠與獅子交流，一進門，風就把籠門關上了，他便下意識地摸了一下自己的口袋。這個動作卻被眼前的獅子所誤解，這隻獅子突然間怒吼了起來，兩隻眼睛狠狠地瞪著他。這位馴獸師頓時心中一陣慌亂，他知道獅子已經餓了一天，而剛才摸口袋的動作在獅

子看來帶有敵意，如果獅子進攻的話，那麼他就必死無疑。

他下意識地靜靜地站在那兒一動不動，同時臉上還露出了笑容，眼睛直視著獅子。時間一分一秒地過去，眼前的這隻獅子慢慢從暴怒中恢復過來，走到一邊去了。

而當他用鑰匙輕輕打開了籠子，剛走到外面的時候，整個身子卻軟了下來。有時候冷靜的確能成為人生中的救命稻草。

有一個偏僻的地方，那裡有一個獨自生活的男性。他用蘆葦和茅草蓋起了小屋住在裡面，同時他又開墾了一小塊荒地。時間久了，豆子、稻穀、鹽和乳酪等東西都可以自給自足了，不用依賴任何人。他每天下地耕作，閒的時候就出去走走，過得算是逍遙自在。

然而有一件事使他感到十分煩惱，那就是他所住的房間裡老鼠成災。也不知道是從哪裡來的一群老鼠，沒過多長時間便不斷繁衍。在白天，這些老鼠在屋裡跑來跑去，在房梁間上躥下跳地吱吱亂叫不停，咬壞不少東西。到了夜裡，老鼠更加猖狂，牠們會鑽進食櫥、跳上桌子、跑進盛放東西的箱子裡面，看見什麼就咬什麼，咬破了許多衣服和器具。偷吃東西就算了，還會把吃剩下的拖回自己的洞裡面去慢慢享用。這些聲響一弄常常就是一整夜，吵得這名男性睡不好覺，白天務農也沒精神。為了這件事情，他想了好多辦法，比如用老鼠藥、捕鼠夾等，他都試遍了，但就是沒有一個奏

效。這名男性火氣越來越大，心裡苦惱極了。

有一天，這名男性喝醉酒，睏得要命。他跟蹌回到家中，打算好好睡上一覺。可是他的頭剛剛挨上枕頭，就聽見了房間裡老鼠「吱吱」的叫聲。他實在睏了，也就不想計較，因此他就用被子包上頭，翻個身繼續睡。然而這些老鼠卻不肯輕易甘休，竟鑽進被子裡張嘴啃起來。這男性用力拍了幾下被子，指望把老鼠趕跑再睡。果然安靜了一會兒，可他忽然聞到一股讓人噁心的腥臊味，一摸枕邊，竟然是一堆老鼠屎！被老鼠這樣千方百計地惡整，他實在無法忍受下去了。借著酒勁，他翻身下床，取了火把四處燒老鼠，房子原本是茅草蓋的，一點就著，火勢迅速蔓延開來。老鼠被燒得四處奔跑。火勢越燒越大，老鼠最後都被燒死了，但他的住處同時也被燒毀了。

到了第二天早上，這名男性酒醒之後，才發現什麼都沒有了。他無家可歸，後悔也來不及了。

焚廬滅鼠的故事其實就是在提醒人們，遇到了事情以後，一定要靜下心來做一番冷靜而認真的分析，努力地想出一個周全的法子去解決。如果僅憑一時的衝動去行動的話，最終只會得不償失。

在人的生命當中，有很多問題都需要以一顆冷靜的心去面對，在小的時候面對老師一次次的提問，面對著一道道數學題目；畢業時面對的是選擇繼續讀書，還是進入社會；面

理智來自於冷靜

試官令人費解的問題，人生當中所面對的一次重大的決策等，都需要我們冷靜地去應對。學會沉著地去應對，認真思考，你才能真正找到一分滿意的答案，開闢出一條成功的人生之路，一次次做出正確的決策，最終取得一次次的成功。

在如今現實的生活當中，我們做事情就更需要學會冷靜。冷靜地應對一次考試、一次面試、一次演講、一次交談、一次約會……遇事不冷靜，憑藉自己的一時衝動，往往誤了大事，甚至損人害己。生活中有很多人和事，都是因為在突發情況下的不冷靜，從而隨著時間而使事情惡化，從而使自己也成了受害者。

在我們的生活中，做到冷靜地面對世間百態、面對問題，才能夠使我們的生活品質有所提升。冷靜處世，是為人的素養展現，也是情感的睿智反映。生活裡有太多的逆境，它是生活中的偶然。可是在理智面前偶然總會轉化為令人快樂的必然。在《禮記・大學》中曾提道：「靜而後能安，安而後能慮，慮而後能得。」這個「得」，才是對高品質生活的一種美好的享受。

以冷靜的心態去面對繁雜的社會，就非常有利於順境與逆境的反思，就可有利於社會又有利於自己。以冷靜的心態去面對五彩繽紛的生活，不僅有利於苦樂中的磨練，還可以享盡人生中的愜意；以冷靜去面對生活中的每個人，有利於辨別善惡，可親近君子而遠小人；以冷靜面對名利誘惑，有

利於道德上的篩選，可提高人品和修養；以冷靜面對眼前的
坎坷，有利於安危中的權衡，可除惡果保安康。冷靜，可以
使我們變得大度、理智、無私和聰穎。

　　冷靜，是知識與智慧兩者極其獨到的涵養，更是理性、
大度的深刻感悟。面對著一個高速發展的物質世界，我們必
須具有一種人性的成熟美。要能夠做到處之泰然，否則，即
使是成功送到我們面前，還是會難免在毛躁中失敗。

讓感情逐步成熟

　　人的感情是很複雜的，而且並非很容易就能掌握，這就
更需要我們用理智來控制感情，掌握感情的流向。感情是流
動的，但有時候讓它安詳寧靜一下子也是很必要的。讓感情
平靜下來，在寧靜中回味一下，思索一下，只有這樣你才不
至於在人生的路上枉自宣洩。因為情感是為一種超自然能
量，它既有源又有限，譬如你超越理智無限度宣洩，不懂得
控制自己，那麼你的感情早晚也會枯竭而變成一個缺乏感情
的人，那時你後悔也晚了。

　　感情用事者多是感情不成熟的人。也許有人會說，「感
情也會成熟嗎？」是的，人的感情也像果實一樣，有一個成
熟的過程。感情成熟的人相對地較有理智，能夠控制自己的
感情，而絕不會感情用事。所以，我們應該注意培養自己的

感情，讓它逐步成熟起來。

那麼，什麼樣的人才算感情成熟的人呢？記得有一篇文章曾經列舉了六個方面，我們不妨借鑑其中的某些要點。

首先，感情成熟的人並不以幻想做自我陶醉，能面對現實，勇於接受挑戰；對前途不過分樂觀或悲觀，均持審慎的態度，不憑直覺，考慮實際條件，所以有良好的判斷力。其次，感情成熟的人，沒有孩提時代的依賴，能自覺自愛，自立自強，每遇困難，自謀解決，不求別人的同情與憐憫。因為性情恬逸，所以得失兩忘。享得了繁華，耐得了寂寞。再次，感情成熟的人，能冷靜地支配運用感情，因此他們的感情，被人稱做像陳年的花雕，是那麼清醇馥郁，又如經霜的寒梅，是那麼冷豔芬芳……這雖然不能全面地概括感情成熟的人，但用來作為大致衡量的標準，還是適用的。

人生有許多艱辛，而且也很坎坷，如果我們的感情還很幼稚，那麼為人處事，成就事業，就很難獲得成功。當然，感情的成熟需要一個過程，它是人的感情經歷、生活經驗、人生觀、價值觀、幸福觀的具體展現。同時它又與個人氣質、心理、修養有關。因此，從現實的角度講，不管是年輕人還是老年人，不管是從事什麼樣職業的人，都應該努力培養自己的感情，因為那樣會使你的家庭更幸福，事業更輝煌。切忌做感情的奴隸，應該努力做一個感情成熟的人！

處之泰然心自靜

　　一個人要保持一顆率直的心，無論遇到什麼情況都能夠保持冷靜，泰然應付。

　　日本的「劍聖」宮本武藏，在他的《五輪書》一書中曾經提到「兵法家應該隨時保持平常心」。這就是說，即使在戰場上，也應該保持平常的心情，冷靜地去應該對眼前發生的事情。

　　戰場是交戰雙方進行決鬥的地方，同時也是彼此使用武器，決定生死的地方。因此，無論哪個人都會緊張，想要保持平常心並不是一件容易的事情。可是，緊張反而不能使自己做冷靜的判斷，甚至還會因此失去敏捷的身手與反應，從而導致失敗。

　　在戰場上一旦失敗，往往會使自己失去生命，所以就必須要盡量保持冷靜，以求勝利。宮本武藏之所以主張兵法家需要隨時保持一顆平常的心，冷靜地處理事情，也就是出於這個原因。

　　在當今社會，差不多沒有需要一決生死的場合。國家與國家間的戰爭也越來越少。然而，不論在戰爭時代或者和平年代，每個人都應該隨時保持一種冷靜的心情，因為，無論是在平時的日常生活或者工作當中，如果失去了冷靜的處世態度，那麼就一定會遭遇意想不到的後果。

　　舉例來說，假如我們為了趕時間而不注意交通規則，就很容易發生交通事故。假使司機因為超車而不注意前後的來車，就會造成很多人傷亡的慘劇。

　　只要每個人都保持率直的心態，處之泰然，那麼就一定能夠培養出冷靜的心情，進而能用冷靜的態度，去觀察和判斷人世間的一切事物。一個人之所以失去冷靜，那是因為心中有雜念。例如，車禍發生的主要原因，是心中有「非趕時間不可」的雜念，如果沒有這種雜念，就可用冷靜的心情去開車。率直的心態就是沒有雜念的心情。因此，率直的心態就是不論在什麼樣的情況下，都能夠保持冷靜地對待一切事物的安然應該對的心胸。

　　一個人的生命是非常有限的，但人生的價值卻是沒有終結的，那麼就讓我們把自己的每一步都看作是一個起點。只有這樣，我們才能夠從容地面對生活，真正做到寵辱不驚、得失泰然，在遭逢困厄時不失進取之心，從而振奮精神走出逆境；在榮耀顯赫時維持有一分應有的清醒與冷靜，以免讓已有的成績成為我們繼續攀升的負擔和阻力。唯有如此，我們才能創造出更加輝煌的業績，擁有更加輕鬆的人生。

冷靜是克敵制勝的要訣

在社會中，只有那些處事鎮定，無論遇到什麼風浪都不慌亂的人，才能應付大事，成就大事。而那些情緒不穩、時常動搖、缺乏自信、危機一到便掉頭就走、一遇困難就失去主意的人，一輩子只能過著一種庸庸碌碌的生活。

海洋中的冰山，無論風浪多麼狂暴，波濤多麼洶湧，它仍然能巍然不動，就像從來沒有被波浪撞擊一樣。這是為什麼呢？原來冰山龐大體積的八分之七都隱藏在海面之下，穩當、堅實地沉在海水中，水面上波濤的撞擊力無法撼動它。冰山在水底既然有巨大的體積，當狂暴的風浪去撞擊水面上的冰山一角時，冰山絲毫不動那也就不足為奇了。

一個人沉著與鎮靜的表現是他的思想修養全方位發展的結果。一個有偏見的人，即使在某個方面有著特殊的才能，也不會比那些全方位發展的人優秀；猶如一棵樹的養分全被某一側枝條吸去，那枝條固然發育得很好，但樹的其餘部分卻萎縮了。

許多才華橫溢的人也曾做出種種不可理喻的事情來，這可能是因為他的判斷力較差，缺乏和諧平穩的思想修養的緣故，而這都妨礙了他們一生的前程。

有一次，一位氣急敗壞的承包商闖進洛克斐勒的辦公室，對著洛克斐勒暴跳如雷、大喊大叫。面對此境，洛克斐

勒卻無動於衷地低頭伏在辦公桌上繼續自己的工作，直到那個承包商筋疲力盡時才抬起頭來。這時，洛克斐勒靠在辦公椅上左右轉著，看著對方冷冷地問道：「我沒聽清楚你剛才說了些什麼，你能再說一遍嗎？」

洛克斐勒超乎尋常的冷靜讓每個接觸過他的人都留下了深刻的印象。正如他自己所說：「不管你現在說出或做了哪些讓人無法容忍的事情，也休想看出我有受影響。」

冷靜是克敵制勝的一個要訣。在法庭上，高明的律師常常用巧妙的方法來激怒對手，讓對手在怒火中失去分寸，從而說出自相矛盾的話，或將一些原本打算掩蓋的真相「不慎」脫口而出。

有這樣一個故事：在俄羅斯的一個地區，居民們發現了一個捕捉野熊的好方法，他們設好誘餌，然後安排十幾個人圍住這個區域，當熊進入這個區域後，他們便一同大喊大叫，驚恐萬狀的黑熊便慌不擇路四處奔逃，最後氣力用盡，只能束手就擒。

在這場戰鬥中，是熊自己打敗了自己，否則以牠的體型與氣力，人是很難抓住牠的。

其實，大家不妨想一想，在現實生活中，很多事之所以失敗，就在於當我們在面對一些困難特別是在面對一些突發事件時，情緒失控，於是說了一些不應該說的話，做了一些不合常理的事。

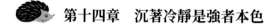

　　所以，我們不管遇到的是大事還是小事，千萬要冷靜，千萬不可感情用事。實際上，遇事冷靜地考慮一下，可能會找到更好的解決辦法，效果通常是好的。比如，當你的朋友因為某個問題與你爭吵起來，你可能理由充分，但你的朋友卻不講理，且對你步步緊逼，這時你很可能控制不住自己，想動手。如果這時你強制自己冷靜一下，控制住自己的感情，或是暫時避開一下子（這絕不是你軟弱的表現），等對方也平靜下來，再與他講道理，那麼你既可以不失去這個朋友，而且還可以表現出你的大度。相反地，假如你控制不住自己，對朋友大打出手，失去朋友不說，還可能釀成惡果，得不償失。

　　當然，我們說遇事要冷靜，並不等於做事猶豫，毫不果斷。遇事冷靜只是做事前的充分準備，而且冷靜需要的時間並不長，可能只是幾分鐘或幾秒鐘，但這短短的幾分鐘或幾秒鐘可能會幫助你更好地解決問題。可以這樣說，常常進行理智地思考，遇事冷靜，不但不會延誤時機，相反地會培養你的果斷力，在關鍵時刻、緊急關頭能夠當機立斷，正確地處理問題。

危急時刻要保持沉著冷靜

　　有一位妙齡女郎深夜返家，突然發覺後面緊跟著一名男性，她的心跳不由得加快了速度。在幾度努力都沒有擺脫跟

蹤的情況下,她急中生智,突然想起在路途中有一片墓地。於是,她快步走進墓地,在一座墳旁坐了下來,說道:「終於到家了……」只見那名男性驚慌失措地飛奔離去!

以上是一則有趣的小故事,刻畫了一個女性在情急之下的臨危不亂,沉著冷靜而又機智地化解了一場潛在的 危機。情況危急之時,人不能太急,否則容易自亂陣腳。

有人面對危難時,狂躁發怒亂了方寸。而成功者總是臨危不亂,沉著冷靜理智地應該對危局。所以能這樣,是因為他們能夠冷靜地觀察問題,在冷靜中尋找出解決問題的突破口。可見,讓發熱的大腦冷卻下來對解決問題是何等重要。

思考決定行動的方向。那些成大事的人,都是正確思考的決策者。很顯然成大事源自於正確的決策,正確的決策源自於正確的判斷,正確的判斷源自於經驗,而經驗又源自於我們的實踐活動。人生中那些看似錯誤或痛苦的經驗,有時卻是最可貴的財產。在你縱觀全局,果斷決策的那一刻,你人生的命運便已經注定。「兩智相爭勇者勝」,成大事者之所以成功,在於他決策時的智慧與膽識,能夠及時排除錯誤之見。正確的判斷是成大事者一個需要常常訓練的素養。為什麼呢?因為沒有正確的判斷,就會面臨更多的失敗和危急關頭。在失敗和危急關頭保持冷靜是很重要的。在平常狀況下,大部分人都能控制自己,也能做正確的決定。但是,一

旦事態緊急，他們就自亂腳步，無法把持自己。

　　一位空軍飛行員說：「二次大戰期間，我獨自擔任戰鬥機的駕駛員。第一項任務是轟炸、掃射東京灣。從航空母艦起飛後一直保持高空飛行，然後再以俯衝的姿態滑落至目的地的上空執行任務。」

　　「然而，正當我以雷霆萬鈞的姿態俯衝時，飛機左翼被敵軍擊中，頓時翻轉過來，並急速下墜。」

　　「我發現海洋竟然在我的頭頂。你知道是什麼東西救我一命的嗎？」

　　「我接受訓練期間，教官會一再叮嚀說，在緊急狀況時要沉著應對，切勿輕舉妄動。飛機下墜時我就只記得這麼一句話，因此，我什麼機器都沒有亂動，我只是靜靜地想，靜靜地等候把飛機拉起來的最佳時機和位置。最後，我果然幸運地脫險了。假如我當時順著本能的求生反應，沒有等到最佳時機就胡亂操作了，必定會使飛機更快下墜而葬身大海。」他強調說，「一直到現在，我還記得教官那句話：『不要輕舉妄動而自亂陣腳；要冷靜地判斷，抓住最佳的反應時機。』」

　　面對一件危急的事，出於本能，許多人都會做出驚慌失措的反應。然而，驚慌失措不但於事無補，反而會添出更多漏洞。試想，如果是兩方相爭的時候，對方就會乘危而攻，那豈不是雪上加霜嗎？

　　所以，在危急時刻，臨危不亂，處變不驚，以高度的鎮定，冷靜地分析形勢，那才是明智之舉。

　　唐代憲宗時期，有個中書令叫裴度。有一天，手下人慌慌張張地跑來向他報告說他的大印不見了。當官的丟了大印，真是一件非同小可的事。可是裴度聽了報告之後一點也不驚慌，只是點頭表示知道了。然後，他告誡左右的人千萬不要張揚這件事。

　　左右之人看裴中書並不是他們想像的一樣驚慌失措，都感到疑惑不解，猜不透裴度心中是怎樣想的。而更使周圍人吃驚的是，裴度就像完全忘掉了丟印的事，當晚竟然在府中大宴賓客，和眾人飲酒取樂，十分逍遙自在。

　　就在酒至半酣時，有人發現大印又被放回原處了。左右手下又迫不及待地向裴度報告這一喜訊。裴度依然滿不在乎，好像根本沒有發生過丟印之事一樣。那天晚上，宴飲十分暢快，直到盡興方才罷宴，然後各自回去休息。

　　而下人始終不能明瞭裴中書為什麼能如此泰然自若。事後好久，裴度才向大家提到丟印當時的處置情況。他對左右說：「丟印的緣由想必是管印的官吏私自拿去用了，恰巧又被你們發現了。這時如果小題大作，偷印的人擔心出事，驚慌之中必定會想到毀滅證據。如果他真的把印偷偷毀了，印又要從哪裡找呢？而如今我們處之以緩，不表露出驚慌，這

樣也不會讓偷印者感到驚慌，他就會在用過之後悄悄放回原處，而大印也不怕不失而復得。所以我就那樣做了。」

從人的心理上講，遇到突發事件，每個人都難免產生一種驚慌的情緒。問題是怎麼想辦法控制。

楚漢相爭之時，有一次劉邦和項羽在兩軍陣前對話，劉邦歷數項羽的罪過。項羽大怒，命令暗中潛伏的弓弩手幾千人一齊向劉邦放箭，一支箭正好射中劉邦的胸口，傷勢沉重痛得他伏下身。主將受傷，群龍無首。若楚軍乘人心浮動發起進攻，漢軍必然全軍潰敗。猛然間，劉邦突然鎮靜起來，他巧施妙計：在馬上用手按住自己的腳，大聲喊道：「碰巧被你們射中了！幸好傷在腳趾，並沒有重傷。」軍士們聽了頓時穩定下來，終於抵擋住了楚軍的進攻。

西晉時，河間王司馬顒、成都王司馬穎起兵攻打洛陽的齊王。齊王看到二王的兵馬從東西兩面夾攻京城驚慌異常，趕緊召集文武群臣商議對策。

尚書令王戎說：「現在二王大軍有百萬之眾，來勢凶猛，恐怕難以抵擋，不如暫時讓出大權，以王的身分回到封地去，這是保全之計。」王戎的話剛說完，齊王的一個心腹怒氣衝衝地吼道：「身為尚書理當共同誅伐，怎能讓大王回到封地去呢？從漢魏以來王侯返國有幾個能保全性命的？持這種主張的人就應該殺頭！」

　　王戎一看大禍臨頭，突然說：「老臣剛才服了點寒食散，現在藥性發作要上廁所。」說罷便急匆匆走到廁所，故意一腳跌了下去，弄得滿身屎尿臭不可聞。齊王和眾臣看後都捂住鼻子大笑不止。王戎便借機溜掉，免去了一場大禍。

　　正因為王戎有冷靜的頭腦，才在危急之下免去一死。這個事件無疑給了後人一個啟示：危急時刻要沉著冷靜，以保萬全。

電子書購買

國家圖書館出版品預行編目資料

當你自以為很勇，其實只是太衝動：暴怒的人，
挑起爭端！別惹人厭，多讓三分不會少一塊肉 /
安旻廷，蕭勝萍 編著 . -- 第一版 . -- 臺北市：崧
燁文化事業有限公司 , 2022.11
面；　公分
POD 版
ISBN 978-626-332-830-3(平裝)
1.CST: 修身 2.CST: 成功法
192.1　　　111016620

當你自以為很勇，其實只是太衝動：暴怒的人，挑起爭端！別惹人厭，多讓三分不會少一塊肉

臉書

編　　著：安旻廷，蕭勝萍
發 行 人：黃振庭
出 版 者：崧燁文化事業有限公司
發 行 者：崧燁文化事業有限公司
E - m a i l：sonbookservice@gmail.com
粉 絲 頁：https://www.facebook.com/sonbookss/
網　　址：https://sonbook.net/
地　　址：台北市中正區重慶南路一段六十一號八樓 815 室
Rm. 815, 8F., No.61, Sec. 1, Chongqing S. Rd., Zhongzheng Dist., Taipei City 100, Taiwan
電　　話：(02) 2370-3310　　傳　　真：(02) 2388-1990
印　　刷：京峯彩色印刷有限公司（京峰數位）
律師顧問：廣華律師事務所 張珮琦律師

── 版權聲明 ─────────────────────

定　　價：350 元
發行日期：2022 年 11 月第一版
◎本書以 POD 印製